Interactional Mind 15 (2022)

日本ブリーフセラピー協会編

National Foundation of Brief Therapy

北樹出版

目　次

米国のリブの運動と絡まって展開してきた
家族療法・短期療法

長谷川　啓三*
Hasegawa Keizo

　筆者が家族療法の発祥の地である米国の MRI（メンタル・リサーチ・インスティチュート）と BFTC（解決志向が生まれた研究所）で訓練を受けたのは、1980年代です。それはウーマンリブの何波目かの運動にも絡み、そのリブたちも家族療法を学び、そして自己批判もしながら、その建設に参加していました。民族差別も激しかった米国は、実は日本以上に男女差別があったんです。

　当時、私たちに家族療法の存在を教えて下さったお一人、岡堂哲雄先生がニューヨークの AAMFT 学会で当時の日本の家族療法の現状をスピーチなさるのに筆者も同行し、その折にドシェーザー夫妻の日本への招聘を依頼したのですが、その往き復えりの飛行機の中で、米国の上記の実状をしっかりとお聞きしました。

　先生はお若い頃に家族療法としては未だ形を整える以前の家族面接法を法務省からの在外研究者として米国で学ばれていました。例えば「多面衝撃法」といった名前のものでした。

　その時代でも男女差別は日本以上と感じられた、とおっしゃっていました。そんな時代を経て米国で家族療法・短期療法が生まれて来ます。

　つまり家族療法は、最初から、米国の、多分、現代日本の女性論でいう「家父長制の変革」に重なるものを、ごく自然に、その視野に入れていたと思います。

＊東北大学名誉教授

日本の女性論の先人たちは、家父長制を支える自分の母親の生き方を、母親に面と向かって批判し、家を出た。そんな、ある著名な方の講演を家族カウンセリング協会の主催講演会で聞いたことがあります。

　家族療法という方法を得た私たちの時代から見れば、家父長制を変えるのに、このいわば「正面戦」は一方法ではあります。それも歴史的な。しかしその傷つきは致命的なものです。母親はそんな中でも娘に教育をつけさせるべく闘ったはず。その母が娘に生き方を批判される。

　実際、その為に母親の悲惨な落胆や、恐らく自死に近い事も両者にあったのではないでしょうか。

　家族療法が「正面戦」に加えた方法は、理論からして「円環的」で、可能なら「ぶつからないで共同の道に至ろう！」という工夫の上にあります。

　家族療法の雑誌に"ＡＩＫＩＤＯ"という副タイトルで投稿した外国の研究者もいます。筆者らは、「二刀流」の意を込めたスピーチを10年以上も以前に、家族療法運動をリードしたＭＲＩ研究所での講演依頼を受け、パロアルトでさせていただいた事があります。この時は現在のＮＦＢＴの中心に居る、当時の若手研究者がこぞって参ったものです。

　合気道も武蔵の剣法も、共に、上位の目標のために、正面戦よりは、抗わない道、抵抗を回避する道を探り、成功とその原理を示し得ている方法です。日本の「和のスピリッツ」だという武道研究者も居ます。

　大リーグで活躍する日本人野球選手が実証するように、投げることと打つことは、対立よりも相互に助け合う道があるものです。

　ぜひ、このテーマについて、文献的な追跡研究を含む実証的なものが出されることを若いブリーフセラピストの皆さんに期待しています。

参加者ボトムアップ型の基調講演とはこれいかに

生田　倫子*
Ikuta Michiko

　この原稿を執筆中の現在、2022年10月に行われる NFBT 福島大会の準備が行われています。福島支部は、短期療法を学ぶ会の創始者である小野直弘先生が福島大学で教鞭をとられていたことから始まった歴史ある支部で、教員の会員が多く、皆さんの人柄がとてもあたたかく食べ物も美味しいしまるで故郷のような支部です。渡邊大会長のもと、練り上げられた企画が盛りだくさんですが、一番試行錯誤されていたのが基調講演枠の「ブリーフセラピストとアイデンティティ」企画です。一般的な基調講演はメインの先生の講義を聴衆が聞くスタイルですが、渡邊先生のこだわりは会場の皆それぞれのブリーフセラピストとしてのアイデンティティをディスカッションにより引き出したい、というもの。打ち合わせ Zoom にて、このメイン企画をどうしたらよいかという相談を受けました。

　思い出したのが、2015年の、アメリカで行われたソリューションフォーカストアプローチの学会（SFBTA）で、メインの基調講演での会場ディスカッションが行われた企画でした。そのディスカッションは「SFA ではソリューショントークで展開すべきだが、第一回面接の最初にクライアントが自らの主訴を語るプロブレムトークは聞いていいか遮るべきか、ディスカッションしよう」というものでした。このお題について、会場に集まった大勢が6人ずつくらいの輪になり、意見を述べていきます。アメリカ人は皆、自分の意見を大いに話

＊神奈川県立保健福祉大学

します。参加者の一人、「インスーの晩年より、まったくプロブレムトーク（主訴）を聞かずに、いきなり『今日あなたがここへきたことで、あなたの未来がどのように少しでも変化したらよいと思いますか？』というソリューショントークから開始し、クライアントが『はい、ご飯がおいしく食べられたらよいと思います。』からの『最近、少しでもそんな時はありましたか？』というような流れで、まったくプロブレムトークを聞かずに主訴もわからないまま終結できることがあるのだと感心しました。」。参加者Ｂ、「確かにそれはそう思います。でも、第一回面接の一番最初は、クライアントの主訴が語られるのが自然であり、それを遮るのには迷いがあります。結局私は聞いてしまっています。」他のメンバーも数人うなずく。私「日本ではインスーのビデオ教材がいくつも出ていますが、クライアントが主訴を語りインスーが深くうなずきながら聞いているシーンがありますよ。」他の参加者「SFAは進化しており、現在はソリューショントークのみで面接を展開すべきである、という流れが主流となっています。主訴も聞かない風潮です。」（そんな風に「べき論」で行き過ぎるから大会のメイン企画でこのディスカッションなのか、と思う私）

　参加者Ｃ「クライアントの話の流れを遮るのもどうかと思うので、自然な流れ、最初の主訴や、時折話される感情的なネガティブな語りは、自分は聞いて共感的に対応してしまいます。でも、そのくらいはいいのではないでしょうか。」そこで私が、「日本では、クライアントとの相互作用の中で、ソリューショントークが展開されればそのままSFAを行い、解決への展開に誘導してもプロブレムトークが多く語られる場合はその流れを遮らずにMRIで悪循環の切断をすればいいと教えている。クライアントが問題を解決できる糸口が見つかればいいのであって、理論ファーストではないと教えている。」と話すと、「MRIやプロブレムトークは、その話題すらNGな風潮である。」と言われる。

　結局、会場でのディスカッションはグループごとの発表があって、おおむねどのグループも、「ソリューショントークで展開する流れは順守しつつも、主訴や会話の自然な流れでのプロブレムトークは少しなら遮らずに聞いてもいいのでは」という発表が多かった。しかし、「プロブレムトークは聞かない」と

いうグループ発表もあった。そこで、最後の会場フリーディスカッションで私が手を挙げ、「日本にド・シェイザーが来てライブ面接を行った際に、日本人のクライアントがプロブレムトークばかりするので、結局 MRI のやり方で悪循環を切断する介入を行い終結したことがあった。終了後、ド・シェイザーはすこぶる機嫌が悪かったが、日本人たちは彼の面接は自分が教える理屈と違う面接になったが、それはクライアントの思考に自然に乗った結果でありとてもいい面接を見たと感動したのだ。結局、クライアントが解決できそうと短期に思うことができるのがいい面接であって、ソリューショントークうんぬんの教義ファーストではいけない。」と話した。つたない英語でよくそこまで上から目線で（笑）語ったと思うが、日本から来た、アメリカでは無名な参加者がこんな風に自由に意見を述べることに会場が耳を傾けてくれる、そしてその感想がメインイベントの終了後に、カフェや廊下で活発に語られることになるということに感動を覚えたのだ。

　ということを福島支部との Zoom で熱く語り、「それはそうと何の話でしたっけ、ああそういえばメインイベントで参加者ボトムアップ型はこれまでなかったがどんなもんでしょうか、という話でしたっけ、もちろんいいと思う。落ちがなくてグダグダになりそう？　そんなことビビらないで。さっきのアメリカの SFA の時もグダグダしたけど、終了後廊下で参加者がもういたるところで語りまくってたんだから。それって素晴らしい企画じゃないでしょうか。渡邊先生がやりたいようにやればいいのです。」

　こんな風に、大会をお引き受けいただいた支部幹部の皆様は、運営上もし不安があれば、私の LINE 即レス＆いつでも Zoom 会議（私がすっぴんで登場するホラー回もある）がもれなくついてきますので（笑）、ぜひともよろしくお願いいたします。

チーム学校
——学校内システムと学校外システムにおける子どもの支援——

佐藤　宏平*
Satō Kouhei

「チーム学校」、この言葉が言われるようになって久しい。家庭（家族システム）と並び子どもたちを支える重要な場の一つである学校であるが、子どもたちの育ちを支えるために、①学校内における多職種（教員、養護教諭、スクールカウンセラー、スクールソーシャルワーカー、教育相談員）による連携・協働（チームとしての学校）、さらには②学校と家庭や地域との連携・協働が求められている。ブリーフセラピーの観点からすれば、①は「学校内（システム）における子どもの支援」、②は「学校外（システム）における子どもの支援」と言い換えることができよう（Fig. 1）。

本号では、子どもに対するブリーフセラピーについて、上記の二つの視点に分け、各領域に精通した先生方に原稿執筆を依頼させていただいた。

「学校内（システム）における子どもの支援」では、不登校やいじめ、発達障害をはじめ、近年不登校の低年齢化の一因とも思われるゲーム障害や、不登校児生徒に多く見られる起立性調節障害の事例に対するブリーフセラピーの実際について寄稿いただいた。さらにはカウンセラーによる支援のみならず、養護教諭の立場からのブリーフな支援のあり方や、小規模へき地校におけるブリーフセラピーの活用例として、解決志向集団プログラム（WOWWアプローチ）の実践についても紹介いただいている。

他方、「学校外（システム）における子どもの支援」では、ここ数年注目され

＊山形大学

るようになっているヤングケアラーの問題や、子どもたちが訴える「痛みの問題（慢性疼痛）」、さらには子どもたちを支援する地域の専門的リソースである小児科における子ども（および保護者）に対する支援の在り方について、留意点や様々な工夫も含め詳述いただくとともに、ブリーフセラピーの新たな展開の一つであり、近年、本邦でも児童相談所を中心に急速に広まりを見せている「サインズ・オブ・セーフティ・アプローチ」についても紹介いただいている。また学校が心身症状を呈する生徒を医療機関へつなぐ場合の留意点や取りうる対応について、事例を通じて丁寧に論じていただいた。

　ご執筆いただいた先生方に、この場を借りて心より御礼申し上げます。

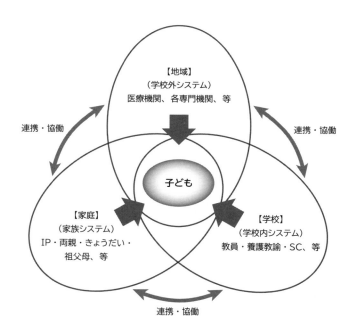

Fig. 1　子どもを支援する3つのシステム

システムで抱える不登校
——多様な学びを支援する——

岩本　脩平*
Iwamoto Shuhei

1　「不登校」イメージの変化

　学校に行かない子どもたちを「学校恐怖症」「登校拒否」と呼び、子どもたちの内面に問題があるという観点で語られていた時代を経て、背景がさまざまであることが明らかになっていくにつれて、あくまでも「登校していない」という状態像を指す「不登校」という名称に変化していった。それでも学校に登校しないことを問題行動として捉える傾向は続いていたのだが、さらなる認識の転換点になったのは、「義務教育の段階における普通教育に相当する教育の機会の確保等に関する法律」（文部科学省，2016a）であろう。同法の附帯決議（文部科学省，2016b）二項では、「不登校は学校生活その他の様々な要因によって生じるものであり、どの児童生徒にも起こり得るものであるとの視点に立って、不登校が当該児童生徒に起因するものと一般に受け取られないよう、また、不登校というだけで問題行動であると受け取られないよう配慮すること」と述べられている。こうした法的な整備により、登校の有無にとらわれることなく、子どもの置かれている背景に目を向けていくことが大切であるという認識が現場感覚としても広がってきているように思う。さらに、コロナ禍においては罹患の不安で欠席している子どもを無理に登校させないという対応をしたことや、前倒しで実施されたGIGAスクール構想により、自治体によって差はあるも

＊ファミリーカウンセリングルーム松ヶ崎 ふくらむ

のの、初等中等教育段階においても遠隔授業が行われるようになったことで、登校しないことの特殊さが薄れてきている。リモートの考え方が広まった現代においては、場所はどこであれ、子どもにとって学びの機会と場所が確保されているかどうかに関心が移ってきているのではないだろうか。

2　別室登校を活用した事例

　不登校の背景に目を向けていく際、システムの視点が非常に有用である。子ども自身の個人内システムだけでなく、家族や親戚といった家族システム、友人や教職員、部活動等の学校システム、地域の習い事や公的な相談等の社会システム等、子どもを取り巻く周囲の環境とそこで生じているコミュニケーションは大なり小なり子どもに影響を与えているからである。以下では、別室登校を活用した架空事例を時系列で示しながら、システムを意識した支援の在り方を考察していく。

（1）　中学1年時の様子

　Ａさんは小学校時代から登校しぶりがあった生徒である。中学校に入学して、しばらくは登校できていたものの、ゴールデンウイーク明けから休みがちとなっていった。Ａさんの保護者は何とか学校に行かせようとして朝から声をかけるが、動こうとしないＡさんを見ているうちに次第に声が大きくなり、最後は言い合いになってしまうということであった。面談に訪れた保護者は、「こんな状態で中学の勉強がわからなくなったらどうするの？って聞くんですが、もう勉強なんてしないから関係ないと言うんです。そんなセリフを聞いていたら腹が立ってきて」と語る。Ａさんの言い分を尋ねると、「私だって行かないといけないと思ってるから困ってる」「今は勉強したくないから教室には行きたくない」とのことであった。担任と同席で面談を行っていた筆者は、別室登校を提案した。なお、Ａさんには勉強したくない場合には勉強道具は持って来なくて構わないと伝えた。

　翌日、午後から別室に登校してきたＡさんに筆者は「よく来たね。せっかく来たから何かしない？」とボードゲームを提示した。Ａさんは別室登校の先輩とも遊びを通して仲良くなり、すぐに打ち解けていった。Ａさんは毎日別室登校を続け、トランプをしたりパズルをしたりと、午後の2時間程度を自由に過ごせるようになっ

ていった。教職員からは一切学習について声をかけず、また保護者にも学習の遅れ
等の心配はあると思うが、適切なタイミングを見計らって学習の声かけはするので、
まずは登校が続けられることを優先して欲しいとお願いをした。1学期末が近づい
てきた頃、先輩生徒が「あーあ、2週間後は期末テストかぁ。進路のこともあるか
ら勉強しないと」とつぶやいた。Aさんはきょとんとした目で先輩を見つめていたが、
先輩はAさんにこう語った。「私も1年の時からさぼらずに勉強してたらもっと楽だ
ったと思うのよね。だからAさんは今のうちから少しずつやっておいた方がいいよ。
特に英語と数学は後からやろうと思うときついから」。

　2学期になり、担任からAさんに別室で個別補習をすることも可能だと伝えた。そ
れまで学習の話題は一切避けていたAさんは、補習を受けることに同意した。週に
数コマの補習だったが、元々理解の早いAさんは少しずつ学習の遅れを取り戻して
いった。

（2）　中学1年時についての考察

　このケースでは、Aさんと保護者との間で学校に行くかどうかで言い合いに
なってしまうという「説得―拒否」の相称的コミュニケーションパターンが生
じていた。保護者が教室に行かせることを目標に据えて対応すると、励ましや
ねぎらいの言葉をかける等、説得以外の行動をとったとしても、「だから行け
るよね？」というメタ・メッセージを持ったものにAさんの中で変換されてし
まう。家族システム内でこの構造に変化を起こすのは難しい。そこで、教室参
加や学習を促すタイミングに関しては学校に任せてもらって、保護者には別室
に送り出すことだけをお願いすることとした。

　学校には別室登校を受け入れる部屋が用意されており、そこには先輩生徒が
登校していた。別室でAさんに一切学習をするように促さなかったのは、家庭
で繰り返されていた「説得―拒否」のコミュニケーションパターンを教職員が
代理で行う構図を避けるためである。また、Aさんとしても「学校に行かなく
てはならない」という思いを持っていたため、教室参加や学習活動を行うとい
った目標よりも、さらに低いハードルを設定することで乗り越えやすくなると
考えた。結果として、Aさんは提案の翌日から別室登校を開始し、すぐに先輩

たちとも馴染むことができた。なお、担任とは随時情報共有を行い、毎日登校できることを1学期の目標として定め、学習活動の導入を焦らないことを確認した。

　学校では、部活動や委員会活動のように先輩が後輩を指導・助言する場面があるのが通常である。Ａさんに対して1年生のうちから勉強をした方がいいと助言した先輩の行動は後輩指導の構図である。Ａさんも大人からの学習活動の提案には抵抗感があったと思うが、先輩が後輩に指導するという学校文化の文脈に沿った行為は抵抗なく受け入れることができたと思われる。このように、関わる人物が限られる別室登校においては、先輩―後輩システムといった生徒同士の関係性も大事なリソースとなる。

　学期の変わり目というのも、新たな気持ちで迎えられるという意味においてリソースである。もちろん、「新学期から頑張らないといけない」という思いが強すぎて過剰に頑張りすぎているケースもあるため注意が必要ではあるが、Ａさんのように丁寧に準備をしてきたケースにおいては新たな行動提案をしても良い時期であったと思われる。

（3）　中学2年時の様子

　2年生になると、Ａさんは担任と相談して決めた教科は教室で受けることとし、別室と教室の行き来ができるようになった。クラス替えの時に、Ａさんと仲の良い生徒が同じクラスになるように配慮したことも功を奏したようである。保護者からは、「特定の教科は教室に入れているけれど、その他の教科は遅れていくばかりなんで心配なんです」との相談もあったが、筆者が「じゃあその他の教科の学習もするようにＡさんに言うとどうなると思います？」とたずねると、「そうですよね。多分言い合いになるだけで効果はないですもんね」と、Ａさんのことを見守るスタンスを続けてくれた。その後もＡさんとの定期面談を続けながら、教室参加できる授業を増やしていった。「教室に行くと緊張して疲れる」「今の参加数でギリギリ」等、Ａさんも自身の状態を把握しながら目標設定ができるようになっていった。

（4）　中学2年時についての考察

　クラス配慮は学校が持っている強力な介入手段である。Ａさんも仲の良い友

人をクラスに配置することで行きやすくなっているが、学年の変わり目にこうした情報を引き継いで可能な限りの配慮を行うことが大切である。また、自分で決めた授業には参加できるようになっているが、これは面談システムが機能しているということである。Ａさんが「自己選択をして実行する」というパターンで成長していることをフィードバックし、今のパターンを維持・拡張していくように促した。

　一方、この時期には保護者から授業参加している教科以外の学習が心配であるとの相談があった。これは、登校をめぐって言い合いになっていた際と同様のパターンが現れかけた場面である。元々の「説得」パターンに戻ろうとしてしまうのだが、定期的な面談を行っていたこともあり、説得するとどのような結末になるかを話し合うことができ、元のコミュニケーションパターンに戻るのを防ぐことができた。

（5）　中学３年時の様子

　３年生になったＡさんは、さらに参加する授業を増やしていった。また、学習の遅れを取り戻すために塾に通いたいと保護者に伝えたようである。保護者も「勉強に関することは家では何も言わないようにしています。これまで家で勉強する姿を見なかったのですが、最近リビングで宿題をしてたりするんです。ちゃんとＡも勉強してたんですね」と、変化を直接観察できているようであった。Ａさんの変化は喜ばしいことではあったが、部活動や委員会にも積極的に参加するようになったＡさんの息切れが心配であった。そこで、担任とも相談して、しんどいと感じた日は、web 会議システムを使って別室から授業を受けて良いことを伝えた。実際にオンラインで授業を受けたのは数えるほどであったが、Ａさんとしては「いざとなればオンラインでいいんだ」と思えたことで気持ちが楽になったようだった。

　そして３学期、無事に進路を決めたＡさんは別室登校をする後輩に「１年の勉強やっといたら後から楽だから、英数は特にさぼらずにやった方がいいよ」と語るようになっていた。

（6）　中学３年時についての考察

　学校では学習に取り組んだり授業参加をしたりと、直接Ａさんの変化を観察

しやすかったが、伝聞となる保護者にとってはそうした変化を感じることが難しかったようである。学校は子どもにとってしっかりしなくてはいけない社会的な場面であり、自宅は休息をする場である。自宅でしっかりと休めているからこそ、Aさんは学校での挑戦を続けることができたとも言えるが、保護者としてはやきもきする日々が続いていたと想像できる。しかし、待ち続けた保護者にもついに変化を感じられる場面がおとずれた。この頃には家族システムも変化し、保護者は完全に見守るスタンスを取り続け、「説得」のパターンに入ることはなくなっていた。

　Aさんにとって望ましい変化が起きている時に、支援者側としては「もう大丈夫だろう」「あと少しで全部の授業に出られるのに」と考えがちである。それまで不登校が「地」にあり、授業参加が「図」であったはずが、ゴールが見えてくると図地反転が生じるのである。周囲がそう考え始めると、「説得」したい気持ちが首をもたげてくる。そこで、良い変化が起きている時にこそあえて休む方法を担任と相談のうえで提供することとした。これもブリーフセラピーが大事にしている Go Slow の考え方であるが、この姿勢はAさんのペースを大事にすることにつながっていた。

3　「学びが進んでいるかどうか」という視点

　Aさんのケースでは別室登校に抵抗感がなかったため、学校内システムで対応できたが、もしも別室登校ができない場合には、家庭内で可能な範囲の学びを進めてもらうよう提案するようにしている。教育は学校だけで行われるものではなく、さまざまな場所に子どもたちが学ぶきっかけがある。学校教育はその一端を担う場所であり、あくまでも学びの手段の一つである。不登校の相談に来たとある夫婦は、「学校に行かせようとすると夫婦間の話題が問題にフォーカスしたものばかりになり、家庭の雰囲気が悪くなってしまう」と語った。筆者からは、「登校にこだわることなく、家庭内での学びと成長を目指そう」と提案した。その後、子どもが植物に関心があると聞けば一緒に家庭菜園をして、収穫した野菜で調理をして家庭科のレポートを学校に提出することができ

た。違う日には、ご当地の食材を取り寄せて社会のレポートとして出す等、家庭内で子どもが学ぶ仕掛けを用意してくれた。このご夫婦は、「学校に行かせるかどうかだけを考えると煮詰まってしまっていたけれど、今では楽しみながら子どもと関われるようになった」と語るようになった。学校としても当初は登校させようとしない保護者への不信感があったが、子どもが独自で作成したレポートを提出したり成長した話を聴いたりするうちに、保護者への信頼感が増していった。筆者からも、家族システム内での良循環を維持できるように学校が見守りの姿勢を続けるよう伝えた。その後、子どもは卒業まで登校することはなかったが、自宅で続けた学びの延長上に将来やりたい仕事を見つけ、自ら選んだ高校に進学を決めることができた。このケースのように学校内システムでの対応が難しい場合に、家族システムが機能しているのであれば、そこに子どもにとっての学びと成長のチャンスがある。学びの内容やレベルは個人差があっても、「学びが進んでいるかどうか」というフレームを持つことで、登校にこだわりすぎずに家庭と学校が一致した視点を持つことができるのではないかと考えている。

■参考資料

文部科学省初等中等教育局児童生徒課（2016a）．義務教育の段階における普通教育に相当する教育の機会の確保等に関する法律（https://www.mext.go.jp/a_menu/shotou/seitoshidou/1380960.htm）（2022年5月3日閲覧）．

文部科学省初等中等教育局児童生徒課（2016b）．義務教育の段階における普通教育に相当する教育の機会の確保等に関する法律案に対する附帯決議（衆議院文部科学委員会）（https://www.mext.go.jp/a_menu/shotou/seitoshidou/1380961.htm）（2022年5月3日閲覧）．

い　じ　め

久保　順也*
Kubo Junya

はじめに―いじめの現状

　児童生徒のいじめ問題は教育現場における喫緊の課題となっている。平成25年のいじめ防止対策推進法施行以後、いじめ認知件数は急増し、令和元年度には過去最高の612,496件（小・中・高校・特別支援学校の合計値）となった（文部科学省，2021）。令和2年度には517,163件に減少したが、これは新型コロナウイルス感染症拡大防止のための休校措置や、各種行事が中止・延期されて子どもたちが直接交流する機会が制限された影響と推測される。

　筆者は大学勤務の傍ら、いじめ問題専門の相談窓口である「仙台市いじめ等相談支援室 S-KET（エスケット）」にて相談にあたる専門員を務めている。令和2年6月の同室開設以来、多数の相談が寄せられており、その内容も多岐にわたる。相談事例の中には、子どもの発達障害の影響が伺えるものも少なくない。これは、いじめの被害・加害いずれにも共通である。ただ、このことから「発達障害がある子はいじめられる」とか、「発達障害がある子は加害者になる」と短絡的に解釈するべきではない。なぜなら、いじめは、それに関わる人々の相互作用によって発生・維持・悪化していく動的なシステムとして捉えるべきであるからである。本稿では、いじめをシステム論的視点から捉えるにあたり、まずは発達障害児のいじめ被害と加害に関する調査結果を基に論じたい。

＊宮城教育大学

1 発達障害児のいじめ被害と加害——宮城教育大学 BP プロジェクト調査結果

　筆者の所属する宮城教育大学は、平成27年度より上越教育大学・鳴門教育大学・福岡教育大学と連携して、いじめ防止支援（BP）プロジェクトを実施してきた。その一環で実施した「発達障害児のいじめ被害の実態調査」の結果についてここで紹介したい（久保，2017）。

　本調査は、平成27年11月から平成28年1月にかけて、宮城県内の公立小・中・高等学校の通常学級の担任教諭を対象に質問紙調査を実施したものである（有効回答数4,584名分）。質問項目は、回答者の各種属性の他、「学級内の『特定の子』のトラブル被害の様態」15項目について「全くない」から「常にある」までの5段階評価、「『特定の子』の特徴」11項目について「全くあてはまらない」から「非常によくあてはまる」までの5段階評価、さらに「『特定の子』についての周囲の児童生徒の捉え方」8項目について「全くあてはまらない」から「非常によくあてはまる」までの5段階評価、であった。なお本調査では、回答者間の知識差やバイアスを最小限とするために、「発達障害」や「いじめ」という語を用いず、それぞれ「特定の子」「トラブル」と表現した。以下に、それぞれの質問項目についての結果を示す（Fig. 1～3は久保（2017）より引用し、一部を筆者が改変した）。

（1）「特定の子」のトラブル被害の様態

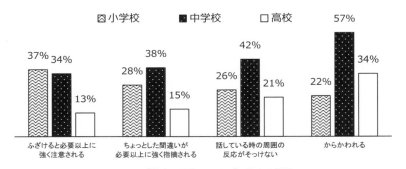

Fig. 1　「特定の子」のトラブル被害の様態

「特定の子」の被害の様態に関する15項目のうち、「4 よくある」「5 常にある」を合計した回答の割合が高かったもの4項目について、それぞれ校種別に示したのが Fig. 1である。小学校・中学校において回答割合が高いのは「ふざけると必要以上に強く注意される」「ちょっとした間違いが必要以上に強く指摘される」「話している時の周囲の反応がそっけない」「からかわれる」であった。これらのことから、通常学級において「特定の子」が、他の児童生徒から過剰な注意・叱責を受けたり、排斥されたり、からかいの対象となる被害を受けていることが伺える。

（2）「特定の子」の特徴

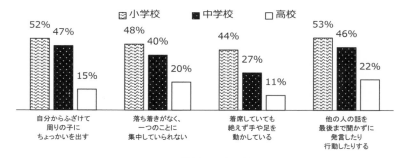

Fig. 2 「特定の子」の特徴

　「特定の子」の特徴に関する11項目のうち、「4 ややあてはまる」「5 非常によくあてはまる」を合計した回答の割合が高かったもの4項目について、それぞれ校種別に示したのが Fig. 2である。小学校・中学校において回答割合が高いのは「自分からふざけて周りの子にちょっかいを出す」「落ち着きがなく、一つのことに集中していられない」「着席していても絶えず手や足を動かしている」「他の人の話を最後まで聞かずに発言したり行動したりする」であった。これらの行動特性は、「衝動性」の高さや「多動性」という ADHD 児の行動特性と重なっているように捉えられる。つまり、通常学級内にて「ADHD」のような行動特性を持つ子が「過剰な注意叱責、排斥、からかい」の被害を受けていると推測される。

（3）　周囲の児童生徒の捉え方

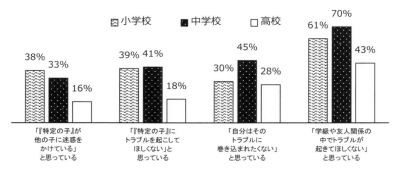

Fig. 3　周囲の児童生徒の捉え方

　「特定の子」についての周囲の児童生徒の捉え方に関する項目8項目のうち、「4　ややあてはまる」「5　非常によくあてはまる」を合計した回答の割合が高かったもの4項目について、それぞれ校種別に示したのが Fig. 3である。いずれの校種においても右端「『学級や友人関係の中でトラブルが起きてほしくない』と思っている」の割合が高く、誰もがトラブルを望んでいないことが分かるが、同時に「『自分はそのトラブルに巻き込まれたくない』と思っている」の割合も高くなっていることから、トラブル解決や予防のために積極的努力をするよりは、トラブルに巻き込まれないように距離を置く対処法をとっている子が多いことが伺える。周囲から距離を置かれた「特定の子」は、「仲間はずれにされた」「無視された」と感じて、いじめられたと捉える可能性がある。また小学校・中学校では、「『「特定の子」にトラブルをおこしてほしくない』と思っている」「『「特定の子」が他の子に迷惑をかけている』と思っている」の割合も高く、周囲の子は特定の子を「迷惑をかけるトラブルメーカー」と捉えている可能性が示唆される。言うなれば、「特定の子の方こそ加害者」「自分たちは被害者」と周囲の子たちが捉えている可能性がある。

2　システムとしての「いじめ」

　上記のように、「特定の子」の衝動性の高さや落ち着きのなさによる行動に対して、周囲の子たちは被害感を抱き、巻き込まれないように距離を置いたり、強く注意・叱責したり、からかいの対象とすることがある。一方の「特定の子」は、このような被害を受けて傷つく、という連鎖が、通常学級内で発生していることが想定される。「特定の子」も、周囲の児童生徒も、双方が被害感を抱いており、またその被害感によって次のトラブル（加害）が発生していくという悪循環に陥っていると考えられる。ただ、先にも述べたように、発達障害が疑われる「特定の子」の側だけに一方的にいじめ発生・維持・悪化の要因を帰属するべきではない。発達障害児のいじめ被害・加害は、通常学級内で児童生徒が相互作用している場に、「ADHD のような行動」があり、それに対する反応が「加害」となって「被害」が生じ、それらがまた相互に連鎖していくことによって、いじめという動的なシステムが形成されていくと筆者は捉えている。あたかも、いじめが一つのシステムとして創発し、自己組織化していくプロセスが生じていると捉えることが可能ではないだろうか。

　発達障害が関連するいじめ事例以外でも、上記と同様のことが起こり得る。久保・佐藤（2014）では、いじめ加害者よりも被害者の方が相手のことを「親しい友人」と認識していることが明らかとなった。いじめ被害者は、いじめ被害を受けた際に、相手（加害者）の行為に対する拒絶反応を示すか、それとも相手との友人関係を穏便に維持するか、選択を迫られることになるが、「親しい友人」という関係性維持を優先しようとする被害者は、いじめに対する拒絶反応を曖昧にしたり取りやめたりすることになり、結果としていじめは止まず続くことになる、と推測される。このような状況は、友人関係という状況下で、一見遊びとも受け取れる「いじり」「からかい」のような加害行為がなされるものの、これらの行為自体が「いじめ」か「遊び」か曖昧であり、もし「いじめ」と解釈して拒絶すれば友人関係崩壊に繋がる可能性があり、一方でもし「いじめではない」と解釈すると結果的にいじめが継続するという、被害者にとってのダブルバインド状況になっていると言えよう。このような状況下では、い

じめ被害者はどのような解釈や行動をとるべきか葛藤し、結果として、いじめ解決ではなく維持・悪化に繋がる選択を強いられる可能性がある。こうした事態は、先に述べた発達障害児のいじめ被害・加害と同様に、いじめシステム内のメンバーが相互の関係性や反応に拘束される中、いじめが発生・維持・悪化していくプロセスと捉えることができよう。

3　終わりに

いじめをシステムとして捉えた場合、その創発や自己組織化を阻害できれば、いじめの解決に資することができる。現在筆者が注目しているのは、p4c（philosophy for children；子どものための哲学）による教育活動および学級経営である（久保, 2021）。p4c では、safety（安心・安全）が重要視され、対話を通じて、誰もが尊重されるコミュニティの形成を目指す。今後、p4c の実践や調査研究を通じて、いじめ解決や予防の方法を模索していきたい。

■引用文献

久保順也・佐藤宏平（2014）．関係性いじめの被害者・加害者の認識の差異―友人親密度認識といじめ認識に着目して―．日本カウンセリング学会第47回大会発表論文集，p.159.

久保順也（2017）．宮城教育大学「特別支援教育といじめ」．BP プロジェクト事務局編「いじめ防止支援プロジェクト（BP プロジェクト）事業成果報告書」，pp.5-10.

久保順也（2021）．p4c を実践する教員らから見たその効果と課題．宮城教育大学教職大学院紀要，Vol.2, pp.21-28.

文部科学省（2021）．令和２年度児童生徒の不登校・問題行動等生徒指導上の諸課題に関する調査結果．

発達障害
——デザインによる支援——

三谷聖也[1]・一柳貴博[2]
Mitani Seiya, Ichiyanagi Takahiro

1　はじめに

　発達障害児の生きにくさは、人とデザインの不一致によるところが大きい。発達障害児はその不一致にユニークな適応の努力で対処しようとする。それがユニーク過ぎる場合、家族をはじめ同級生や教職員などの周囲者から問題と見なされてしまう。周囲者もまたは発達障害児を変えようと試みる。しかしながらその試みがかえって状況をこじらせ、悪循環にはまってしまうこともある。

　人とデザインが不一致であるならば、「人」ではなく「デザイン」のほうを変えるという比較的シンプルな支援法がある。これはブリーフセラピーの用語で言えば「人を変える」から「デザインを変える」への Do different 介入（長谷川，2005）のことである。背景となる考え方は「DSM-5に基づく関数モデル」として理論化されている（三谷，2022）。本稿ではこのモデルに基づき学校内システムにおける発達障害児の支援の実際を検討する。

2　発達障害とその特性

　発達障害は障害という語のイメージから、できない部分に目が向きがちである。これに対して杉山（2011）は発達障害とは認知に高い峰と低い谷の両方を持つという実体に即して「発達凸凹」として捉えることを提案している。誰も

1）東北福祉大学　2）東京都公立学校スクールカウンセラー

が得意・不得意があるのは当然であり、その個人差がその人らしさにほかならないが、発達障害児の場合、凸凹の振幅が激しいため日常生活に支障を来している状態なのである。凸凹にはいくつかのタイプがあり一般に特性と呼ばれている。「社会的コミュニケーションの障害」と「こだわり」の特性のある ASD（自閉スペクトラム症）、「不注意」「多動性—衝動性」の特性のある ADHD（注意欠如多動症）、「読字の障害」「書字表出の障害」「算数の障害」などの特性のある SLD（限局性学習症）が主要なタイプとして知られている。

3　DSM-5に基づく関数モデル

　発達障害と特性の関係の捉え方には変遷の歴史がある。DSM-Ⅳの時代までは、たとえば自閉症の特性が認められれば診断名が付いた。これは端的に言うと「発達障害＝特性」という捉え方である。これに対して杉山（2011）は「発達障害＝発達凸凹＋適応障害」という公式を提案している。適応障害に注目したことは医学的な実体に即した重要な指摘であったと言える。しかしながらその一方で、特性と適応障害の和として捉えるこのモデルでは、発達障害児を社会との関係で理解するには十分とは言えない。そこで三谷（2015）は最新の診断基準である DSM-5 を詳細に読み込むことで、社会的障壁に目を向けた新たな公式を提案し、これを発達障害ライフデザイン支援モデルと名付けた。その後、モデルに軽微な修正が加えられ、現在は「y（発達障害）＝ a（特性）x（社会的障壁）」という公式を軸に据えた「DSM-5に基づく関数モデル」が提唱されている（三谷，2022）。

　このモデルは、変わりにくい特性を「定数」、一方環境や状況によって変動する社会的障壁を「変数」とした一次関数により障害をダイナミックに捉える視点をもたらした。このモデルの利点は、これまで理解しにくかったスペクトラムという概念を「傾きの大きさ」として数量的に理解できるようになったことである。合理的配慮という語も社会的障壁をゼロに近づける支援であるとの理解をもたらし、この考え方の延長線上として小1プロブレムや中1ギャップなどの不連続な変化を社会的障壁の増大として臨床的に捉えることが可能とな

った。さらにこのモデルは社会的障壁がゼロになったならばもはや発達障害とは呼ばないということを意味し、発達障害を社会構成主義の観点から捉える視点をもたらした。

4　合理的配慮とデザイン

　次に合理的配慮について考えてみたい。この合理的配慮こそが冒頭にあげたデザインと関係する部分である。合理的配慮とは社会的障壁をゼロに近づけることであるが、それはデザインを変えるという方法を通して実現されるものである。ただし障壁がなくなりさえすればどんな手段を用いても良いわけではない。発達障害児の生きやすさの希求が周囲児の権利侵害につながってしまうことや、支援者の過度な負担となってしまうことは合理的ではないからである。合理的配慮の前提条件は、当事者やアドボケーター（代弁者）による配慮申請を起点とすること、当事者の意向に基づき対話を通して構成されるべきものであること、支援者には誰もが納得する合理的配慮を発想しうる倫理感覚、そしてそれを具現化できるデザインのセンスが求められるということである。ちなみにデザインのセンスとは、デザインの語源のデシナーレが意味する「計画を記号に表す」という意味に近いものである。

5　デザインによる支援

　最後に三つの架空事例を通してデザインによる支援の実際を考えてみたい。

（1）　架空事例「自転車置き場と早起き」

　以下の事例は三谷（2016）に掲載されている事例を一部改変したものである。

［事例］　中学1年男児のAさん。不登校である。担任が理由を尋ねると中学入学以降の自転車通学が怖いことが判明。朝に停めた駐輪場所を下校時に忘れてしまいパニックになるという。困っており何とかしてほしいとの訴えがある。Aさんの学校では所定の駐輪場所が決まっていなかったので、担任はAさんに特別な場所を用意すると提案したが、特別扱いは嫌だと拒否。それもそうだと肯定し、しばらく考えた担任は、Aさんは早起きは得意かいと尋ねた。Aさんの「はい」という返事を待

ってこんな提案をした。「誰よりも早くに登校したらいつも定位置に停められるよ」と。その後Aさんは元気に登校しているという。

[**考察**]　Aさんの特性は短期記憶の弱さであり、特性と自転車置き場のデザインが不一致を来していたと推察される。毎日変動する駐輪場所を記憶しなければならないことは社会的障壁の増大にほかならずパニックを来していた。パニック回避のためのユニークな適応努力として不登校となっていたと考えられる。ここで担任は変わりにくい特性を変えようせずに比較的変動しやすい社会的障壁に注目したと考えられる。障壁の低減には生徒ごとに専有駐輪スペースを用意するという大規模なデザイン変更も考えられる。しかしこれでは他の生徒への負担や想定外の経費の支出が発生することから合理的とは言えない。その後担任は一貫してデザインの変え方について話題にしている。特別の場所を用意するという空間的デザインの変更の提案は却下されたものの、最終的には時間的デザインの変更について合意がなされた。本事例は本人のみならず周囲にも配慮しながら対話を通して合理的配慮を構成していった事例であったと考えられる。

（2）　架空事例「すごろくと教室復帰」

　本事例は複数の事例をもとに筆者らが創作した架空の事例である。

[**事例**]　ASD傾向で別室登校中の中学2年女児のBさん。教室に入る勇気が出ない。前任のスクールカウンセラー（以下、SC）は認知行動療法が専門だったようで、教室に入るまでのステップを不安階層表に書き込む支援をしていた。現SCへの担当変更後も、そのスタイルを引継ぐこととなった。対話するうちに教室に入るまで一足飛びで行くのは怖いのでこのやり方は自分に合っている、でも1マスずつ課題をクリアするのは山登りのようでつらいというBさんの本音が見えてきた。そこでSCは「教室に入るまでのすごろくを作ってみようか」と誘ってみた。Bさんは目をキラリと輝かせた。画用紙にスタートとゴールのマスを描き込み、途中のマスも次々と描き込んでいった。「このあたりで疲れる頃だから1回休みはどうかな？」とSCが提案すると、Bさんも負けじと「このマスは登校の途中で怖い犬に吠えられて3マス戻る」と提案。お互いケラケラと笑いあった。ほかにも振り出しに戻るマスや、

一発逆転のマスも入れてみようと話し合い、二人ですごろくを完成させた。すごろくの実行はなされなかったが、すごろく作成それ自体が教室に入るための一助となった。

[考察]　本事例は ASD の特性である「見通しの立たなさ」が教室復帰の障壁となっていた事例であったと考えられる。ASD 児の支援では一般に不安階層表のような可視化を含むデザイン変更による支援が行われる。これは時系列順で分かりやすい一方で、一度進んだら戻ることができない印象を与えてしまう。ここで SC はさらに遊びの要素を取り入れ、すごろくという形にリ・デザインしたものと考えられる。すごろくは 1 回休みや 3 マス戻るなど、いわゆる「変化への揺り戻し」をもノーマライズして計画に含めてしまうという点で治療的であったと考えられる。その後、すごろくの実行はなされなかったものの教室復帰に向けて一歩踏み出すことができた点も興味深い。ブリーフセラピーでは介入課題の実行不実行ではなく介入それ自体が治療的変化をもたらすという点に特徴があると言えるだろう。

（3）　架空事例「共生社会実現に向けて─周囲児にも働きかける」

　本事例は事実に基づき改変を加えたものである。なお、事例の掲載にあたっては当該機関の承諾を得ている。

[事例]　通常の学級に在籍する小学 3 年生の男児 C さん。知的能力が非常に高いものの、自己肯定感が低く、イライラして暴れてしまう、苦手なことに取り組むことが難しいなどの様子がみられた。そこで、C さんに対しては、担任教諭をはじめとする教職員や保護者などが丁寧に話を聞きながら肯定的な声掛けを続けた。一方、C さんの在籍する学級では、授業の中で周囲の児童（以下，周囲児と表記）が C さんの良いところを伝えたり、C さんがつくった作品を褒めたりするなど、周囲児が C さんに肯定的な声掛けをする場面が多くみられた。また、C さんがうまくいかない時に周囲児がそっとそばにいたり、どうすればいいかを教えたりする様子もみられた。そうした中で、C さんは自分の気持ちを周囲に伝えることが増え、少しずつ暴れてしまうことが減ったり、苦手なことに取り組むことができたりするようになってい

った。さらに、学級内で仲の良い友人もでき、その友人の存在はCさんが学校に通う原動力にもなっているようであった。

［考察］　本事例は、周囲児の肯定的な声掛けや温かな友人関係がCさんの自己肯定感の向上を含めた肯定的な影響をもたらした事例であると考えられる。一柳（2021）は、発達障害児に対する「周囲児」の関わりが両者の関係形成に影響を及ぼす重要な要因となると考えられると述べている。クラスメイトなどの周囲児は、困難を抱える児童生徒の社会的障壁にも、逆に学校適応や関係形成にもつながる重要な存在であり、周囲児に働きかけることは支援における重要なソリューションの一つとなると考えられる。本事例の背景には、Cさん自身が他の児童と仲良くなりたい気持ちを持っていたことに加えて、授業内でお互いの良いところをみつけるワークを行ったり、Cさんへのかかわり方を周囲児にさりげなく教えたりするといった担任教諭の工夫がみられた。支援においては困難を抱える本人のみならず、周囲児を含めた学級全体のデザイン調整をしていくことでより有効な支援が可能となると考えられる。周囲児側が変わるということは共生社会実現への確かな一歩であると考えられる。

■引用文献

長谷川啓三（2005）．ソリューションバンク　ブリーフセラピーの哲学と新展開．金子書房．

一柳貴博（2021）．周囲児は自閉スペクトラム症が疑われる児童にどのように関わっているのか―小学校教諭から見た周囲児の行動メカニズム―．教育心理学研究，69(1)，79-94．

三谷聖也（2015）．発達障害ライフデザイン支援モデルの開発―インクルーシブ教育の推進と教育現場における効率性に関する一考察―．『愛知淑徳大学教志会紀要』創刊号，189-202．

三谷聖也（2016）．発達障害とライフデザイン支援．家族心理学年報，36，145-152．

三谷聖也（2022）．発達障害と家族支援．一般社団法人日本家族心理学会・研修委員会主催2021年度第7回研修会資料．

杉山登志郎（2011）．発達障害のいま．講談社現代新書．

ゲーム障害

二本松直人[1]・熊倉志乃[2]・狐塚貴博[3]
Nihonmatsu Naoto, Kumakura Shino, Kozuka Takahiro

1　はじめに

　昨今、インターネットゲーム障害（Internet Gaming Disorder；以下，IGD と略記）
は注目を浴びている。IGD は、2018年の ICD-11にも「ゲーム障害（Game Dis-
order）」として掲載され、DSM-5にも「臨床的に意味のある機能障害や苦痛を
引き起こす持続的かつ反復的な、しばしば他のプレイヤーとともにゲームをす
るためのインターネットの使用」と定義されている（APA, 2013：高橋・大野監訳,
2014）。厚生労働省（2021）では、ゲーム依存対策会議を開催し、現状や治療の
実態、支援の方針等を検討している。このように、インターネットゲームによ
って生活に支障を来している患者の増加は深刻で、解決は喫緊の課題といえる
だろう。

　これまで IGD に対して、様々な治療法が実施・検討されてきた。例えば、
認知行動療法（CBT）、動機づけ面接などである（King et al., 2017）。しかしなが
ら、追跡評価の点で不十分であり、エビデンスの質に課題が残ることを指摘し
たうえで、King & Delfabbro（2018：樋口監訳, 2020）では、最も有効な治療法
は認知行動療法（CBT）としている。一方で、ゲーム障害に対して家族療法の
実践も報告されている。例えば、Han et al.（2012）では家族療法がゲーム依存
やゲームのプレイ時間を改善させ、家族機能を向上させると報告されている。

1）福島県立医科大学・東北大学大学院　2）國學院大学栃木短期大学　3）名古屋大学

他にも、親による支持的な監督や管理がゲーム依存の抑制因子となりうることが示されている（e.g., Lin, Lin & Wu, 2009；Rehbein & Baier, 2013）。つまり、家族を対象とした心理療法（家族療法やブリーフセラピー）で焦点化する、家族成員間の関係性のあり方やその変化が、ゲームに対する依存的な問題の解消や軽減に効果的である可能性を示唆している。

　本事例は、息子が毎日ゲームばかりしていて困っていることを主訴として来談した母親と行った面接過程の報告である。問題とされる息子（IP）は来談しなかったが、セラピスト（Th.）は、母親（Cl.）のみとIPの問題に取り組み、全2回の面接で改善を示し、終結に至った。終結後のフォローアップにおいても、Cl.から良い状態が続いていることが報告されたため、Th.から事例の公表について説明し、Cl.から公表の同意が得られたため、承諾書によって手続きを交わした。以下に記載する事例の内容は、面接の趣旨を損なわない程度にプライバシーに配慮する形で修正を行ったことを付記する。

2　事例の概要

（1）　家族構成

　Cl.は43歳の女性。小学3年生の息子とその父親（会社員・47歳）の3人家族である。

（2）　来談経緯

　IPは小学校3年生に進級した頃から家庭でゲームをする時間が増え始めた。父親と共通の趣味ができた上、生活に支障をきたすほどではなかったため、Cl.は軽く注意を促す程度であったが、2か月後には平日のゲーム時間が1日5時間を超えるようになった。母親はIPを叱りゲームをやめさせようとしたが、1日のゲーム時間が減ることはなく、徐々にゲームをやめさせたいCl.と、それに反発するIPとのやりとりがエスカレートしていった。父親の協力も得られなかった。Cl.は息子の通う小学校の担任やスクールカウンセラーに相談し、小学校からの紹介という形で第二筆者の教育相談機関に来談した。IPにこれまで目立った既往歴はない。

3　面接の経過

（1）　初回面接

　午前中のパートタイムの仕事を終えた Cl. は、職場から直接面接に来たとのことであった。Cl. は、この面接で相談したいこととして「息子のゲーム依存に困っている」と話し、これまでの経緯について説明した。Th. は、今の家庭での IP の様子を尋ねると、「帰宅後すぐにゲームを始め、平日1日5時間以上ゲームをしている。」「宿題以外はほぼゲームをしており、食事や入浴は何度も促してようやく言うことを聞く。」「注意をすると『うるせえ！』などと暴言を吐かれて辛い。」と話し、疲れ果てた様子だった。さらに、「父親も息子と同じくゲーム依存であり、子どもに注意をしてくれるどころか、自ら熱中するあまり、会社を休むこともあるので困っている。子どもが好きなことをして何が悪いと言われる」とのことで、家庭での時間の大部分をゲームに費やす息子を何とかしようと Cl. が孤軍奮闘する様子が語られた。この問題が起こるまで、IP に目立った問題行動はなかったことも付け加えた。

　Th. は、Cl. に対して、これまで IP のゲームをやめさせようと、どのようなことを試みてきたのか尋ねたところ、「時間を決めてゲームをする提案をした。」「強く叱った。」「ゲーム機を取り上げた。」「月に1度、小学校に来校するスクールカウンセラーに相談した。」など様々なことをしてきたが、功を奏したものはなく、IP のゲームへの依存と Cl. に対する暴言がエスカレートしているとのことであった。また、「スクールカウンセラーからは、依存を断ち切るために医療機関の受診を勧められ、予約の電話をしたが、数か月先まで予約が埋まっており、しばらくこの状況を我慢しなければならないと分かり、がっかりした。」と答えた。さらに「ゲーム依存の子どもと父親を、一人でなんとかしようとして疲れ果てた。」「本当に辛いのは子どもが長時間ゲームをしていることそのものよりも、それによって家族の会話がなくなってしまったこと、それまでは言われたことがないような暴言を吐かれること」だとの辛い心情が語られた。Th. は、「もうどうしたらよいか分からないという状況の中で、今後どうなったら少しでも楽になりますか」と尋ねたところ、Cl. は「息子が病院に行

って診てもらえること。」「息子の暴言が止むこと。」の２点が語られた。

　Th. は、大変な問題を一人で何とかしようと様々な手立てをしてきた Cl. の労をねぎらい、①まずは、子どもが１日どのくらいゲームをしているのか、簡単なメモでよいので正確な時間の記録をとることを勧めた。その記録は、いつか医療機関にかかるとき、どのくらいゲームをしているか正確に伝えるための資料となることも補足した。②次いで、正確な記録のためには、これまでCl. していた注意を控えて、息子がゲームに費やす時間をしっかりと観察してほしいことを伝えた。Th. による観察課題が Cl. 自身の望む方向性とフィットしていたためか、Cl. は納得した上で快諾した。その際、息子は宿題だけはきちんとやるとのことなので、事前に IP の担任に相談した上で、IP と父親には、毎日のゲーム時間を正確に記録するのは学校からの宿題、ということにした。２か月後に面接を設定し、結果を聞くことにした。

（２）　第２回面接

　Cl. は、初回に比べ、明るくなった印象があった。前回の面接から今日までの様子を尋ねると、「子どもからの暴言がなくなり、今では一緒に買い物に行くこともある。」と答えた。Th. は驚き、Cl. に詳細を尋ねたところ「学校からの宿題ということで記録を付け始めたら、ゲームの時間が減った。正しい記録を取ろうとゲームを止めさせる注意は一切しなかった。口論にならないので、息子からの暴言はなくなった。途中から、『一緒にゲームをしない自分では正確な記録が分からないから』と言って、記録を父親にお願いしたところ、もともと宿題に関してはきちんとやるべきだという考えをもっていた父親は、毎日正確に時間を記録し、その結果、父親のゲームの時間も減少した。」とのことであった。Th. が病院の受診について確認したところ、Cl. は「今は、状態が落ち着いているので、今のところ医療機関の受診は必要ないと思う。」と答えた。その後、Th. は、Cl. の努力や工夫、前回の話し合いの内容を自宅に戻ってしっかりと行動に移したこと等を称賛した。Cl. は、また、困ったら面接をしたいとのことで、今回をもって経過観察とした。約１か月後のフォローアップにおいても、「よい状態が続いている」と報告があったため、終結とした。

4　考察

　本稿では、子どものゲームに対する依存的な問題を繙く上で、短期的に終結した事例を報告し、夫婦関係や親子関係といった家族成員間の関係性のあり方に着目することの有用性を示した。具体的には、以下2点にまとめられる。

（1）　観察課題と Do different

　これまで Cl は、IP に対してゲームをやめさせる解決努力を行っていたが、ゲーム行動を禁止させたり、叱責したりするような関わりによってエスカレートしている可能性があった。したがって、その悪循環を切断するために、Th は、医療機関の資料として必要である、というブリッジを加えて、ゲーム時間を記録するという観察課題を提案した。これを Cl が受け入れたことによって、Cl と IP のコミュニケーションパターンが変化し、IP の暴言が収束していった可能性がある。

　本事例のように、Cl による解決努力が、IP と対決的になることでうまくいかないことは少なくない。家族療法やブリーフセラピーでは、Cl の解決努力が悪循環に繋がっていると想定する（長谷川，1987）。しかしながら、その解決努力は常識的で、もっともらしいために、それがうまくいっていなくても変化を起こすのは難しいとされる。そのため、若島（2016）は介入を可能にするためには、リフレーミング、ブリッジやリンキングが必要であると指摘している。本事例の Cl においても、ゲームをやめさせようとする関わりは常識的であったが、うまくいっていなかった。Th が、Cl の常識的な行動をやめさせ、別の行動を促す（Do different）ために、記録をすることがいかに有意義かということを説明したことは、介入を実践してもらううえで重要であるといえる。

（2）　「宿題はやること」の利用と学校の影響力

　Cl と IP の間にはコミュニケーションの悪循環が発生していた。その一方で、IP は学校の宿題だけはきちんとこなしていた。また、IP の父親も IP と同様にゲーム依存傾向がみられていたが、学校の宿題に対しては誠実な態度を有していた。そのため、Th は学校の担任の先生からの宿題という文脈を利用（ユーティライズ）し、父親と IP に対してゲーム行動を記録してもらうという課題を提

案した。その結果、父親とIPのゲーム時間が減少した。実際に、King, Delfabbro & Griffiths（2010）はそれほど問題認識がないゲーム依存者に対して、ゲーム行動の記録などの自己モニタリングを推奨している。本事例では、このようなゲーム行動の記録を「学校の宿題」という文脈を利用し、父親に協力を得ながらその影響力を活用したことが変化の契機になったと考えられる。

　総じて、子どものゲームに対する依存的な問題には、関係性の要因が介在し、この要因に介入することが、問題の低減や解消につながる可能性がある。しかしながら、介入することによって、問題を複雑にし、さらに悪化させてしまうリスクもはらんでいる。よって、関係性への介入は、誰が、どのような文脈で、何を伝えるか、想定される反応等を含め、詳細に至るまで精緻な検討が必要となろう。

■引用文献

American Psychiatric Association（APA）（2013）. *Diagnostic and statistical manual of mental disorders（5th ed.）（DSM-5）*. Washington, DC: own. 日本精神神経学会（日本語版用語監修）高橋三郎・大野裕監訳（2014）. DSM-5 精神疾患の診断・統計マニュアル. 医学書院.

Han, D. H., Kim, S. M., Lee, Y. S., & Renshaw, P. F.（2012）. The effect of family therapy on the changes in the severity of on-line game play and brain activity in adolescents with on-line game addiction. *Psychiatry Research: Neuroimaging*, 202(2), 126-131.

長谷川啓三（1987）. 家族内パラドックス：Paradoxical approach. 彩古書房.

King, D. L., Delfabbro, P. H., & Griffiths, M. D.（2010）. Cognitive behavioral therapy for problematic video game players: Conceptual considerations and practice issues. *Journal of Cyber Therapy & Rehabilitation*, 3(3). 261-273.

King, D. L., Delfabbro, P. H., Wu, A. M., Doh, Y. Y., Kuss, D. J., Pallesen, S., … & Sakuma, H.（2017）. Treatment of Internet gaming disorder: An international systematic review and CONSORT evaluation. *Clinical Psychology Review*, 54, 123-133.

King, D. L., & Delfabbro, P. H.（2018）. *INTERNET GAMING DISORDER*. Elsevier Inc.：樋口進監訳（2020）. ゲーム障害――ゲーム依存の理解と治療・予防. 福村出版.

厚生労働省（2021）. 第2回ゲーム依存症対策関係者会議.〈https://www.mhlw.go.jp/stf/shingi2/0000202961_00004.html〉2022年5月31日アクセス.

Lin, C. H., Lin, S. L., & Wu, C. P.（2009）. The effects of parental monitoring and leisure boredom on adolescents' Internet addiction. *Adolescence*, 44(176), 993-1004.

Rehbein, F., & Baier, D.（2013）. Family-, media-, and school-related risk factors of video game addiction. *Journal of Media Psychology: Theories, Methods, and Applications*, 25(3), 118-128.

若島孔文 (2016)．第四章　ブリーフセラピーとは．岡昌之・生田倫子・妙木浩之編．心理療法の交差点２──短期力動療法・ユング派心理療法・スキーマ療法・ブリーフセラピー．新曜社，pp.55-71.

養護教諭としての子どもたちとのかかわり（高校）

松浦　るみ子*
Matsuura Rumiko

はじめに

　高校現場は爆笑エピソードの宝庫だ。高校生は面白い。その高校生集団と毎日過ごす教職員もユーモアのポテンシャルの高い人材が多い。保健室に訪れた生徒や教職員とのやりとりを思い出しては、今でも噴き出してしまうようなエピソードがいくつもある。ユーモアとリソースに溢れ、朝から晩まで慌ただしく、時間の流れの早い高校現場にブリーフセラピーはフィットする。

　筆者は、養護教諭として採用されたばかりの20代で運よくブリーフセラピーに出会えた。その考え方は初めから自分にフィットしていた。そして高校の養護教諭として永年勤務する中で、どんな時にもその教えに救われてきた。

　ここでは、生徒2名の事例を挙げるが、プライバシー保護のため適宜改変を加えている。

1　A君（高校1年生・男子）とのかかわり

　A君は、勉強も運動も苦手。身なりを全く気にせず、何か言われると相手構わず「あっ?!」と睨みつけてしまう。心優しく穏やかな生徒が多い学校で、いじめられたり、孤立したりしないまでも、同級生からは変わり者、教職員からはちょっと困った生徒と認識されていた。

＊元山形県高等学校

入学後暫くすると、Ａ君は授業開始直前、保健室に腹痛や頭痛を訴えて頻回来室するようになった。しかし、保健室では至って元気で、明らかにサボりだった。筆者は、テストで点数をとれないＡ君は出席時数でカバーするしかないと思っていたので、何としてでも授業に出させたい気持ちが強く、「授業に行きなさい！」と叱責したり、滞在時間を制限するタイマーをセットしたりと躍起になって様々な対策を講じた。しかし、Ａ君は全くめげることなく、連日何回もやってきた。そんな攻防戦が続いたある日、Ａ君との会話の中で、当時流行していたお笑い番組の某キャラクターが面白いと意気投合した。するとＡ君は突然そのキャラクターのモノマネを始めた。これが実に似ており、Ａ君の元々のキャラクターと相まって、筆者はドツボにはまり、涙を流して大爆笑した。と、同時にＡ君のモノマネ能力の高さに驚き、「Ａ君、もしかして担任のモノマネも出来る？」と尋ねてみた。するとＡ君はすかさず出入り口に移動し、担任が教室に入ってくる場面からの動きとセリフを再現した。これまたそっくりで、筆者は大爆笑した。そして、Ａ君にお願いをしてみた。

　「Ａ君の習っている教科の先生全員分の授業中のモノマネが見たいな。研究してきて。」

　以降、Ａ君は明らかに授業に出る頻度が増えた。研究の成果を保健室で披露しては筆者を笑わせ、意気揚々と授業に戻るようになったからだ。そして、たまたま保健室に居合わせた生徒から生徒へ、筆者から教職員へと噂は広まり、Ａ君に対する同級生や教職員の評価が、変わり者の困った生徒から、モノマネ能力のある面白い生徒へと変化していった。

　その後、Ａ君は、筆者が顧問をする部活動に入部した。（勿論、筆者は一度たりとも勧誘していない！）他の部員に比べ、技能は遥かに劣るものの、一度も休まず、片付け等の仕事も嫌がらずに行うので、徐々に仲間として認められ、モノマネ披露場面が部活動へと広がった。すると、Ａ君の保健室来室は激減した。また、Ａ君は他の部員のマネをして、高校生らしい身だしなみをするようになった。学力的な問題は続いたものの、何とか無事に３年生に進級出来たＡ君は、教職員の後押しもあり、Ａ君の良さを受け入れてくれる地元企業に無事就職するこ

とができた。卒業式で、ちょっと伸びた髪をセットして、意気揚々と行進する
A君の姿を今でも鮮明に覚えている。

2　Bさん（高校2年生・女子）とのかかわり

　Bさんは、1年時無欠席で過ごし、何の問題もなく2年に進級したが、初め
て3日間連続欠席をした。4日目の朝、鬼のような形相の母親が、「イヤだ！」
と泣き叫んで抵抗するBさんの腕を全力で引っ張って保健室に連行し、「お願
いします！」の一言とともに去っていった。それが筆者とBさん親子との出会
いで、そこからBさんの保健室登校がスタートした。

　担任や部顧問によると、もともと口数の少ない生徒ではあったが、以降、保
健室では、どんな働きかけをしても、無表情で口を閉ざし、姿勢を正して座り
（まるで銅像のように）、母親の迎えの時間を待つだけの日々が続いた。その間、
筆者と母親は送迎時のほんの数分ずつ毎日廊下で立ち話を行い、母親の想いを
受け止めながら情報交換を行った。そこで、Bさんは昔からお笑い番組と動物
が好きであること、また、年の離れた兄とは口喧嘩もするが何でも言い合える
仲であるという情報を得ていた。

　Bさん本人には、あれこれ詮索せずに、まずは銅像状態をほぐそう！という
のが、筆者と担任（若手男性）との共通目標だった。担任は普段口数が多くは
ないが、ボソッと面白い事を呟く方で、忙しい中でも時間を見つけて毎日保健
室に顔を出してくれた。その都度、サラリとBさんに声をかけるのだが、全く
相手にされないので、Bさんをも輪に入れる立ち位置で筆者と会話をしていた。
ただの日常会話なのだが、担任と筆者は互いの話に思わず笑ってしまうことが
良くあった。しかし、そんな中でもBさんは変わらず銅像状態を貫いていた。

　ある日、筆者はBさんと担任に向けて、筆者が当時興味関心を寄せていたハ
シビロコウ（鳥類）について以下のような話をした。

　筆者はハシビロコウに会うために東京の上野動物園に行ってきた。運よく、
ハシビロコウの見学者は誰もいなかったので、筆者はハシビロコウと思う存分
にらめっこ対決をすることが出来た。結果、筆者が勝利したのだが、その間約

１時間、そんな戦いに挑む妻を夫はいったいどんな気持ちで見ていただろう。

　すると、Ｂさんの肩が揺れた。（あれ？もしかして。笑ってる？）その瞬間を筆者も担任も見逃さなかった。筆者はＢさんに「あれ？Ｂさん？もしかしてハシビロコウに興味ある？」と尋ねた。Ｂさんは少し間をおいて、俯いたまま軽く頷いた。すると、担任はすかさず、ボソッと「もしかしてＢさん、ハシビロコウを目指してる？」。すると、Ｂさんは声を抑えながらも身体を大きく揺らして笑い、ハッキリと「目指してない！」と反発の声をあげたのだった。

　それ以降も、Ｂさんは相変わらず自ら発話することはなかったが、視線の動きや僅かな表情の変化から、担任と筆者の会話に参加していることが感じ取れるようになった。また、筆者はＢさんの様子を、随時、教職員に報告していたので、Ｂさんを知る他の教職員たちも様々な話題を持って来室し、さりげなく声がけしてくれるようになった。こうしてＢさんの銅像状態はほぐれていった。一方、母親は、険しい表情が続き、時に涙を流すこともあったが、筆者がＢさんと教職員とのエピソードを報告すると、声を上げて笑うことが増えていった。その後、次第にＢさんと担任は筆者を交えずとも２人でボソボソと会話をするようになり、更に母親も交えて３人で話し合えるまで進展したため、Ｂさんの保健室登校は終結となった。

３　閉ざされた保健室と開かれた保健室

　「閉ざされた保健室」とは、特定の生徒や教職員を対象とする３次的支援を目的とした保健室で、「開かれた保健室」とは、全生徒・全職員を対象とする１次的・２次的支援を目的とした保健室である。地元密着型で就職を目指す生徒の多い高校、全員が難関大学進学を目指す高校、専門技能を学ぶ職業高校、不登校経験者の多い高校など、各校それぞれ特徴的な組織風土があり、保健室の来室状況や保健室の雰囲気なども全く異なるのだが、どのような保健室になるかは、その経営を担っている養護教諭の方針によっても異なる。このため、転勤したばかりの養護教諭は、その違いに驚愕することが多々ある。

4 生徒のために——生徒対応に関する考え方の違い

　生徒が不登校傾向になった場合、担任をはじめとする関係教職員は、本人や保護者の希望を汲み、出来る限り、進級や卒業の目標を叶えさせてあげたいと思う。しかし、高校では、進級・卒業条件として、規定された出席日数をクリアする必要がある。

　筆者の転勤先の高校では、保健室に登校すれば出席扱いになると説明されていた。保健室には生徒用の机と椅子がいくつも配置され、丸一日滞在する生徒もいれば、挨拶をしてすぐに帰る生徒もいた。保健室に登校する生徒の日常対応は養護教諭に一任されており、毎日来室する担任は稀だった。どの生徒も表情は暗く、生徒同士の会話はほとんどなかった。筆者は努めて明るく振舞っていたものの、残念ながら筆者自身、息苦しさを感じてしまうような空間だった。

　学年ごと別日程で頻繁に実施される各種テストも保健室が受験会場となっていたため、受験者がいる場合には、物音ひとつ立てることも憚られた。このため、他の生徒や教職員が来室しても、廊下に出て会話をすることが常態化していた。保健室登校を継続する生徒は一向に減らず、普段保健室に来室しない他の生徒たちにも様々な精神的な問題が頻発し、教職員は３次的な支援に追われていた。

　それまでの勤務校で筆者は、「保健室を開かれた場にする」「泣いてきた生徒を笑わせてから帰す」ことを個人目標として保健室経営をしてきた。保健室登校の生徒を個人で抱えこまず、早期から周囲と連携し、その生徒が元気になる方向性を一緒に探り、一緒に対応してきた。そのため、日頃から生徒や教職員、保護者や外部機関の専門家などと関係を繋ぎ、いつでもそれらのリソースを活用できるよう準備をしていた。

　ところが、転勤先では筆者の考え方とは全く異なる保健室経営がなされていた。筆者は、悪循環になっている課題を整理し、解決策を関係者に何度も提案した。しかしその都度、強い抵抗と反発を招くのみだった。長い間、それが当然と考えられてきた学校において、新任者である筆者の提案など全く受け入れられなかった。何度も心が折れ、変化を起こすことなど不可能にも思えたが、

まずは個人で対応できる小さなことから変えていった。次に、保健室をテストの受験会場から外すよう根拠を示し、粘り強く関係者に働きかけた。その結果、ようやく認められ、初めて『別室』が整備された。そこから徐々に、教職員の生徒支援の考え方が「個業」から「チーム支援」へと変化し、校内支援体制が整備されていった。こうした流れを経て、やがて、生徒も教職員も自由な雰囲気の中でコミュニケーションが出来る「開かれた保健室」「開かれた学校」の実現に至った。

解決志向ブリーフセラピーの中心哲学

〈ルール1〉もしうまくいっているなら、変えようとするな。

〈ルール2〉もし一度やって、うまくいったのなら、またそれをせよ。

〈ルール3〉もしうまくいっていないのであれば、（何でもいいから）違うことをせよ。

---

5 おわりに

　様々な出来事が毎日突発的に発生する高校の保健室。どんな深刻な事態が起きようとも、「何とかなる。うまくいくはず！」と気持ちを切り替え、生徒や教職員の協力を得て、明るく楽しい日々を過ごしてきた。

　今回の執筆にあたり、そんな濃厚な日々を振り返る中で、真っ先に浮かんだのは、解決志向ブリーフセラピーの中心哲学である。新採の頃、この哲学を生徒の相談場面に活用してみたところ、うまくいく経験をして、ブリーフセラピーに興味を持った。その後もブリーフセラピーの知見を日々の実践に取り入れ、うまくいった経験が積み重なると、相談活動を行う意欲と自己効力感が高まり、更に積極的に実践するようになった。いつの間にかそんな良循環が自分自身に生じていた。

　誰をも傷つけず、人に勇気と笑顔を与えられるブリーフセラピー。改めて、高校現場にぴったりフィットすると思うし、出会えたことに感謝している。

■参考文献

宮田敬一編（1998）．学校におけるブリーフセラピー．金剛出版．

森俊夫・黒沢幸子（2002）．解決志向ブリーフセラピー──森・黒沢のワークショップで学ぶ．ほんの森出版．

へき地校における子どもの支援

浅井　継悟*
Asai Keigo

1　へき地校・小規模校特有の問題

　へき地校・小規模校と聞くとどのようなイメージを持つだろうか？子どもの人数が少ないがゆえに、教員が一人一人の子どもと丁寧に向かうことができる。自然の中でのびのびと育つことができる。そこには、スクールカウンセラー(SC)や心理の専門家などは不要なイメージを持つ方もいるのではないだろうか？これらのイメージは、確かにへき地・小規模校の一つの側面ではある。

　へき地・小規模校の特徴については、人数が少ないがゆえに学校の活動での出番の多さや、主体性を発揮する機会の多さなどが挙げられる一方で、競争心や社交性の乏しさを懸念する視点も存在する（川前，2009；今在，2012）。また、人間関係が限られているがゆえに親同士の関係が子ども同士の関係に影響することなども予想されるだろう。このような人間関係を筆者がSCとして関わったある生徒は「友人にも先生にも相談できない。だって、次の日には学校のみんなが知っているから」と話す。

　また、当然であるが、へき地・小規模校だから不登校の問題や発達障害の問題が存在しないわけではない。不登校に関しては、学校の立地的な問題から登下校時にスクールバスを利用しなければならない場合も多く、スクールバスに乗り遅れたら登校できず欠席せざるを得ない。もちろん保護者が学校まで送る

---

*北海道教育大学

ことができれば登校はできるかもしれないが、保護者の仕事の都合に左右されるため、子どものペースに合わせた登校が制限される環境と言えるだろう。

発達障害に関しても、周囲に専門の支援機関が存在していない場合だけでなく、心理発達相談に関して、少数の医療機関が広域な範囲をカバーしている地域も存在する（後藤ら，2018）。保護者が発達障害に関しての知識を有しておらず、特別な支援を拒絶するケースも考えられる。

このような環境では、何かあれば専門機関に繋ぐという教科書的な対応は「都会の論理」であり、現実的ではない。へき地・小規模校の中にはSCが配置されていない、あるいは配置されていても勤務日数が少なく、年間1回勤務の学校も存在する。学校現場において、様々な機関との連携の重要性が指摘されて久しい。しかし、SCに関しての研究や、公表されている様々な実践は、暗黙に都市部での実践・連携を対象としている。例えば、山本（2015）では、教員視点でのSCと学校との連携について調査しているが、対象となっている学校のSCの勤務日数は週1日から週5-6日である。SCが常駐しているような学校と、年間1回の学校では、連携のあり方そのものが異なってくることが予想される。

2 へき地・小規模校でのブリーフセラピーの視点

このように、へき地・小規模校はそうではない学校と比較すると客観的に「リソース」が足りない状況とも言える。一方で、そこで起きていること全てが「特有」な問題かというとそうとも限らない。例えば、都市部であっても、保護者同士の関係が子ども同士の関係に影響することはありうる。また、誰かに話したことが伝わることもあるだろう。あれがない、これがないからできないと嘆くのではなく、現在あるものをどのようにユーティライズしていくのかという視点こそが求められている。

例えば、学校としては特別な支援が必要で本人の特性を理解するためにも知能検査が必須だと考えているが、将来は漁業を継がせるから、勉強ができなくても構わない、よくわからない検査はやめてほしいという保護者に対しては、

「中学校（あるいは高校）に進学した際に困るから」というフレームではなく、漁に出るために必要な船舶免許を取るためには、ある程度の学力は必要なのではないか？そのためにも、何が得意で何が苦手なのかを知ることは重要なのでは？という保護者のフレームに沿った説明が有効であるかもしれない。

　このような視点は、様々なリソースがない中で支援していかなければならない災害時の心理支援（長谷川・若島，2013）にも通ずる部分があるだろう。

3　1回の面接を最大限に活かすマインドセットの転換
──シングルセッションセラピーの視点

　上述したように、へき地・小規模校では専門家不在、連携する機関の不在が挙げれれる。また、仮に SC が配属されたとしても、年間1回だけという状況も存在する。そのような状況下では、アセスメントのためだけに1回の面接を使用するのは現実的ではない。

　そこで役に立つのが、シングルセッションセラピーの考え方である。シングルセッションセラピーは、セラピーを連続的に捉えるのではなく、1回1回のセラピーが独立していると捉える（Talmon, 1990）。シングルセッションセラピーと聞くと何か特別なスキルをイメージするかもしれないが、重要なものの一つにマインドセット（mindset）が挙げられている（Cannistrà, 2021；Piccirilli & Ermini, 2021；Cannistrà, 2022）。これは、セラピストが1回の面接でクライエントを支援できる、1回の面接でクライエントが自分の問題を解決するのに十分な何かを見つけることができるというマインドセットを有しているのであれば、1回の面接でも十分に支援となりうることを意味している。逆に言えば、セラピストが初めから1回の面接ではクライエントを助けることができないというマインドセットを有しているのであれば、1回の面接だけではクライエントを支援することはできないことを意味する。

　シングルセッションセラピーは、何があっても1回の面接で問題を解決しなければならないことを意味しているわけではない。また、1回の面接しかしてはいけないということを意味しているわけでもない。現に、シングルセッショ

ンセラピーでも支援のために複数回面接を実施することもある。しかし、シングルセッションセラピーに関する調査では、クライエントが面接を継続できるか選択できる状態であっても、多くのクライエントは1回で十分であると回答することも明らかとなっている（Cannistrà & Pietrabissa, 2021）。へき地・小規模校のSCこそ、このマインドセットで面接を行い、1回の面接で何を扱うことがクライエントの支援になるのかという視点を有することが重要であろう。

　SCの業務は面接を行うことだけではない。例えば、年間1回だけの勤務の場合、勤務日を決定するために学校側と直接やりとりする場面も出てくる。その際にSC側から教員への研修を提案することも可能であるだろう。面接に限らず、1回しかない機会でどのように学校を支援していくのかという視点は、へき地・小規模校のSCにこそ求められるマインドセットではないだろうか？

4　教員の立場からできること

　ここまではSCの視点から、へき地・小規模校について記載した。一方、学校や教員の立場からも様々な取り組みを行うことができる。例えば、本田（2021）では、へき地・小規模の中学校の全校生徒を対象とした対人関係ゲームを実施し、その効果を報告している。

　ブリーフセラピーにおいても、学級や学校単位で取り組むWOWWアプローチ（Working on what works：うまくいっていることに取り組む）が存在する（Berg & Shitls, 2005, 2006）。本来のWOWWアプローチは、WOWWコーチ（支援者）が教室に入り、子どもたちと共に、過ごしやすいクラスになるように、クラスのうまくいっていることに注目していくアプローチである。日本においてもWOWWアプローチを元にいくつかのプログラムが開発され、WOWWコーチの代わりにSCが教室に入り実施するケースや、教員のみで実施できるプログラムなども考案されている（黒沢・渡辺, 2017；松田・久能・黒沢, 2018）。専門家が不在であっても、こうしたプログラムを学校や学級に取り入れることは教員の立場でも十分に可能であるだろう。

　また、授業時数の問題などもあり、プログラムの時間を確保できない場合で

も、日常的に発行される学級通信を活用し子どもをコンプリメントすることで、子どもだけでなく、学級通信を読んだ保護者と子どもとの肯定的な会話を増やすことにつながることが明らかとなっている（松橋，2019）。

　このように、SC などの専門家がいなくとも、ブリーフセラピーのエッセンスを取り入れた活動を教員主体で行うことは十分に可能である。

5　まとめ

　ここまで、へき地・小規模校でのブリーフセラピーの活用について議論してきた。最近では、へき地校における教員と SC の連携・協働に関する知見も出てきている（宮尾・浅井，2022）。多くの読者にとって、へき地・小規模校という存在は馴染みが薄いかもしれない。しかし、子どもの人口が減少している我が国において、今後も教員や心理職が現在と同じ環境で勤務できるとは限らない。様々なことが変化していく時代だからこそ、教育に関わる全ての支援者が、本稿で述べたブリーフセラピーの柔軟な考え方を持っておく必要があるだろう。

■引用文献

Berg. I. K., & Shilts, L.（2005）. Classroom solutions: Woww approach. BFTC press.

Berg. I. K., & Shilts, L.（2006）. Classroom solutions: Woww coaching. BFTC press.

Cannistrà, F.（2021）. The vital role of the therapist's mindset. In M. F. Hoyt, J. Young & P. Rycroft（Eds.）, *Single session thinking and practice in global, cultural, and familial contexts: Expanding applications*, Routledge, pp. 77-87.

Cannistrà, F.（2022）. The single session therapy mindset: Fourteen principles gained through an analysis of the literature. *International Journal of Brief Therapy and Family Science*, 12(1), 1-26.

Cannistrà, F. & Pietrabissa, G.（2021）. Single-session therapy: Data and Effectiveness. In F. Cannistrà & F. Piccirilli（Eds.）. *Single session therapy: Principles and practices*. Giunti, pp. 33-48.

後藤真愉子・須見よし乃・山本大・佐藤とよ子・長沼ひとみ・浅井このみ・石田友子・足立憲昭（2018）. 市立釧路総合病院の小児科一般外来における心理相談の実績と現状. 市立釧路総合病院医学雑誌，30(1)，39-44.

長谷川啓三・若島孔文編（2013）. 震災心理社会支援ガイドブック：東日本大震災における現地基幹大学を中心にした実践から学ぶ. 金子書房.

本田真大（2021）. へき地小規模中学校の全校生徒を対象とした対人関係ゲームの効果の検討.

学校臨床心理学研究, 18, 41-50.

今在慶一郎（2012）. へき地の保護者と教員が抱く児童観―人間関係, コミュニケーションスキル, 競争心について―. へき地教育研究, 66, 45-50.

川前あゆみ（2009）. 北海道小学校長から見たへき地小規模校の現状と課題. 釧路論集, 41, 105-121.

黒沢幸子・渡辺友香（2017）. 解決志向のクラスづくり完全マニュアル――チーム学校、みんなで目指す最高のクラス！. ほんの森出版.

松田剛・久能弘道・黒沢幸子（2018）.「日本版 解決志向のクラスづくり完全マニュアル」に基づく実践と評価研究―北海道における一実践―. 学校臨床心理学研究, 15, 31-39.

松橋瑠美（2019）. 学級通信におけるコンプリメントの効果. 北海道教育大学大学院学校臨床心理専攻平成30年度修士論文（未公刊）.

宮尾聡子・浅井継悟（2022）. へき地校における教員とSCの連携・協働. 日本教育支援協働学会第4回研究大会抄録, 59.

Piccirilli, F. & Ermini, L.（2021）. The Single-session therapy mindset. In F. Cannistrà & F. Piccirilli（Eds.）. *Single session therapy: Principles and practices*. Giunti, pp. 51-66.

Talmon, M.（1990）. *Single-session therapy: Maximizing the effect of the first（and often only）therapeutic encounter*. Jossey-Bass.

山本渉（2015）. 中学校の担任教師はスクールカウンセラーの活動をどのように生かしているのか―グラウンデッド・セオリー・アプローチを用いた質的分析―. 教育心理学研究, 63(3), 279-294.

起立性調節障害

森川　夏乃[1]

Morikawa Natsuno

　起立性調節障害（Orthostatic Dysregulation：以下，ODと略記）とは、思春期に好発する自律神経系の循環調節不全による機能性身体疾患で、全身倦怠感、立ちくらみやふらつき、失神発作、頭痛、起立時の気分不良、食欲不振、朝起き不良等の症状がみられる（日本小児心身医学会，2015）。OD児にみられる自律神経系の循環調節不全は、遺伝的体質、食生活、心理社会的ストレスが関連しているとされる（日本小児心身医学会，2015；田中，2012）。児童生徒のOD陽性率[2]は、小学校5・6年生の男子2.2％、女子3.5％、中学生男子16.9％、女子25.6％、さらに高校生男子21.7％、女子27.4％という報告もあり（竹内，2012）、決して珍しくない。日本小児心身医学会（2015）によると、軽症のODでは適切な治療により数カ月以内で改善するが、日常生活に支障のある中等症では1年後の回復率は約50％、2〜3年後の回復率は70〜80％で、不登校を伴う重症例では1年後の復学率は30％、社会復帰に少なくとも2〜3年を要するとされる。

　日本小児心身医学会は「小児起立性調節障害診断・治療ガイドライン[3]」を作成しており、本稿前半ではこのガイドラインに則って診断と治療について簡

1）愛知県立大学
2）ここでの陽性判断は、ODに関連する自覚症状を尋ねる自記式質問紙調査でのスクリーニングによるものであり、起立試験時の脈拍、収縮期血圧、脈圧、心電図等の生理指標は用いていないため、確定診断ではない。
3）2009年に第1版発行。2015年に改訂版第2版が発行された。

単に紹介する。後半では、OD児への心理社会的支援として、学校や家族への
アプローチについて述べる。

1　診断と治療

（1）　診断の流れ

　日本小児心身医学会のガイドラインで示されている、小児科におけるODの
診断手続きは以下のとおりである。

　まず、身体愁訴11項目（①立ちくらみ，②失神，③気分不良，④動悸，⑤朝起き不
良，⑥顔色が悪い，⑦食欲不振，⑧腹痛，⑨倦怠感，⑩頭痛，⑪乗り物に酔いやすい）のう
ち3つ以上あるいは2つ以上の症状が強ければODを疑う。次に、問診や診察、
検査により神経疾患や内分泌疾患など他の疾患や基礎疾患の除外診断が行われ
る。続いて新起立試験を実施し、生理指標に基づいてサブタイプ[4]が判定さ
れる。そして検査結果と日常生活状況の両面を踏まえ、重症度が診断される。

　最後に、「心身症としてのOD」チェックリスト[5]を用いて、心理社会的因
子の関与が評価される。チェックリストの6項目（①学校を休むと症状が軽減する，
②身体症状が再発・再燃を繰り返す，③気にかかっていることを言われたりすると症状が憎
悪する，④1日のうちでも身体症状の程度が変化する，⑤身体的訴えが2つ以上にわたる，
⑥日によって身体症状が次から次へと変化する）のうち、4項目以上が週1〜2回以
上みられる場合、「心身症としてのOD」と評価される。

（2）　治療[6]

　ODは生物学的機能異常と心理社会的因子が、様々な程度に混ぜ合わさった
幅広いスペクトラムからなる病態である（日本小児心身医学会，2015）。それゆえ

4）現時点のガイドラインに示されているODのサブタイプは，①起立直後性低血圧，②体位性頻脈
　症候群，③血管迷走神経性失神，④遷延性起立性低血圧の4タイプである。
5）身体症状を有する不登校94症例で，チェックリストの6項目中4項目以上が週1〜2回以上みら
　れるという妥当性を検証したところ，心身症としての不登校の診断率85.3％，偽陽性率40.8％であっ
　た（日本小児心身医学会，2015）。
6）詳細な治療の内容は，ガイドラインや，日本小児心身医学会のホームページ（「起立性調節障害
　（OD）　https://www.jisinsin.jp/general/detail/detail_01/）を参考にされたい。

ODの治療は、重症度・心理社会的因子の関与に応じて、疾病教育、非薬物療法、学校への指導や連携、薬物療法、環境調整、心理療法が組み合わせて用いられる。

　その中でも、必ず行われるのが疾病教育と非薬物療法である。ODはその症状特徴から、怠けやさぼりと誤解されやすい。こうした誤解により、周囲は強く叱責をしたり無理に登校を促すなどの関わりをしてしまうことがある。また子ども自身も、自分の体調や思うように動けない自分に不安を感じている。それゆえ疾病教育では、ODの病態生理に関して丁寧な説明を行い、ODは気持ちの問題ではなく身体疾患であることを理解してもらうことで親子の不安を軽減することから始められる。そして非薬物療法として、起立時や起立中の注意点、日中の過ごし方、生活リズム、運動や食事の工夫等が伝えられる。例えばガイドラインでは、いきなり立ち上がらずに30秒ほどかけてゆっくり起立することや、起立耐性のさらなる悪化を防ぐために日中はなるべく身体を横にしないこと、散歩等の軽い運動をすること等、日々の生活の中で注意すべき点が示されている。

2　ODと学校生活
（1）　不登校との関連

　ODの治療として「学校への指導や連携」が含まれているように、ODはその症状特徴により学校生活にも大きな影響が生じる。例えば、脳血流の低下により、意欲低下や集中力の低下がみられる（Torigoe, et al., 2001）。そのため、子ども自身は勉強しよう、勉強したいと思っていても、意欲がわかなかったり、思うように集中できず勉強がはかどらないということもある。また、ODは不登校を伴うことも多い。ODと診断された小児のうち不登校及びその傾向を示した例は55％と高率に認められ、不登校及びその傾向を示した群においては、示さなかった群よりも、OD症状のうち朝起き不良、腹痛、倦怠感が有意に多いことが指摘されている（犬塚・山田, 2015）。村上（2009）は、ODの症状により欠席が続き、欠席したことによる学業の遅れや友人関係の変化、周囲の無理

解による叱責等から登校困難になり、二次的な障害として不登校に陥るケースを指摘している。このように OD の症状は学校生活にも関わってくるため、周囲の大人は OD という疾患や子どもの健康状態を理解した対応が求められる。

（2）　学校での対応

須田ら（2019）によると、多くの OD 児が学校を欠席中に勉学の遅れに不安に感じ、学校へ無理なく行けるためには体調の回復が必要であると考えていることが示されている。また学校の教員に対して、無理強いをしないことや病気を理解してくれることを期待しているとされる。このことから、OD 児は欠席中も勉強のことを気にし、症状がある限り通常通りの登校は難しいと考えていることがうかがえる。しかし同時に、体調に応じた配慮も求めており、仮に配慮があれば万全でなくとも登校できる可能性があるということだろう。実際に OD 児からは、体調不良時に退出しやすいよう教室内での座席配置の配慮、授業中の水分摂取の許可、部活のみの参加を認めてもらったこと等の対応により、学校へ行きやすくなったという声も聞く。さらに、OD 児はクラスメイトに対しては普通に接してくれることを期待している（須田ら，2019）。OD 児からも、教員が OD を疾患として理解し、クラスメイトに対して疾患のメカニズムや心身の状態、欠席理由を説明してくれたことで、登校時にクラスメイトがこれまで通りに受け入れてくれ登校しやすかったという声を聞く。

加えて、OD 児とその家族が直面する大きな課題として、進路選択がある。中学卒業後も引き続き身体症状のために遅刻や欠席が目立ち、通常の社会生活が困難な生徒では、全日制高校に進学したものの単位習得困難のために転校・留年・中退といったコース変更を経験することもある（藤井ら，2017；松島・田中，2013）。主治医とも連携した上で、子どもの希望や状態に応じて多様な進路の情報提供が必要となる。

（3）　学校が抱えるニーズ

教師側においては、OD 児と関わる上で、各ケースへのアプローチや支援方法に加え、教員間での OD 理解や関わり方、保護者との連携に難しさを感じていることが示されている（森川，2021）。教員間で OD の理解や関わり方に差が

ある場合には、教員間で共通理解を図ったり一貫した関わり方が取れるようスクールカウンセラー等の専門職が調整を図る等の対応が求められるだろう。また保護者との連絡方法や頻度は、子どもの状態や時期によっても異なることから、定期的に話し合う機会が必要である。例えば症状が重く欠席が多い時期には、親子にとって毎日の欠席連絡が大きな負担となる。そのため、登校する時のみ学校に連絡を入れるよう切り替えることで、親子の負担を減らすこともできる。時には保護者が不安になり、学校に対して多くの要望を伝えてくることもあるだろう。学校側からすると"厄介な保護者"ではあるかもしれないが、その背景には後述するように子どもの学校生活に対する不安や焦りがある場合も多い。保護者のこうした心情に対しての労いや、保護者が子どもを受容できるようカウンセリングの利用を勧めてみる等の方法もある。

3　OD児を持つ親の心理

　子どもがODと診断された後、親は症状理解の難しさに直面したり、子の学校生活や将来への不安が生じ、様々なストレスを経験する。森川（2022）によると、OD診断後、親は子どもの症状に合わせて生活をするようになり、疾患理解の難しさに直面しながらも我が子のODを受け入れる努力と、一方ですぐには受け入れられないという葛藤を経験することが示されている。また遅刻や欠席が増えるに従い、勉強の遅れへの不安や焦り、勉強させなくてはというプレッシャーから、子どもの学校生活に関連したストレスも抱える。特に、ODを発症するまで学校適応が良好だった親においては、学校生活がままならないことへのショックが大きく、大きなストレスを経験している。このように診断後しばらく、親はOD中心の生活に加え、子どもへの向き合い方の葛藤や不安、学校に関するストレスを抱えることで、非常に精神的に疲弊している。この時期に、学校で柔軟な対応がなされない、症状が理解されない、関わってもらえていないと親が感じると、学校への不満・不信感を抱きストレスが増加するが、症状に応じた学校からの配慮や子どもに対する学校のサポートを感じると、ストレスの軽減につながることも示されている。

このように診断後しばらくは、親においてもストレスの大きい時期が続くが、次第に子どもの内面への洞察が進み、現状を受容したり、対等な親子の関わりが増える等の変化が見られ始める。そして徐々に、親は症状や子どもに対して肯定的な捉え方をし、自律的な疾患管理を支える立場へと変化していくことが見出されている。

　以上のようなOD診断後の親の心理的変化を見ると、診断直後から家庭と学校とが連携してOD対応に当たること、対等な親子関係への移行を促す等の家族関係の調整が求められることがうかがえる。家族も含めて心理社会的支援を行うことは、家庭内での子どものストレスを軽減し、二次的ストレスによる症状の悪化や持続を防ぐためにも有効であると考える。また、親は家族会へ参加することで、同様の経験をした親から進路等の具体的な情報を得たり、情緒的なサポートを得ることができるため、家族会への参加もストレスを軽減する一助となる。

4　おわりに

　長期にわたるODの経過を調べた藤井ら（2017）によると、ODの自覚症状が消失していないものの、社会適応が良好な症例も多かったとされる。ODは身体疾患であると同時に心理社会的因子も関与することから、周囲が疾患を理解し、症状に応じた対応をしていくことができれば、社会適応を高めていくことができるだろう。疾患としての正しい理解と、またODとして一括りにすることなく個々の症状や課題に応じて考えていく姿勢が、OD児の支援においては重要である。

■引用文献

藤井智香子・岡田あゆみ・鶴丸靖子・赤木朋子・重安良恵・椙原彰子・堀内真希子・塚原宏一（2017）．長期に経過を観察した起立性調節障害患者23例の検討．子どもの心とからだ　日本小児心身医学会雑誌，26，34-38.

犬塚幹・山田克彦（2015）．起立性調節障害132例における不登校傾向を示す要因．日本小児科学会雑誌，119，977-984.

松島礼子・田中英高（2013）．難治性起立性調節障害（OD）小児における循環調節機能異常

およびQOLの思春期以降追跡調査．子どもの心とからだ　日本小児心身医学会雑誌，22(3)，197-203.

森川夏乃（2021）．起立性調節障害の子どもを持つ家族と教員が抱く困難について―自由記述の分析を通して―．愛知県立大学教育福祉学部論集，70，85-91.

森川夏乃（2022）．起立性調節障害の子どもを持つ親の症状経過に伴う心理変容過程の検討．心理臨床学研究，40(3)，印刷中.

村上佳津美（2009）．不登校に伴う心身症状――考え方と対応．心身医学，49(12)，1271-1276.

日本小児心身医学会編（2015）．小児心身医学会ガイドライン集――日常診療に活かす５つのガイドライン（改訂第２版）．南江堂.

須田和華子・齋藤直子・加藤幸子・春日晃子・竹下美佳・呉宗憲（2019）．起立性調節障害児の教育現場に対するニーズ調査．子どもの心とからだ　日本小児心身医学会雑誌，28(1)，58-64.

竹内一夫（2012）．起立性調整障害（OD）に関連する自覚症状．日本学校保健会．平成22年度児童生徒の健康状態サーベイランス事業報告書．pp.77-81.

田中英高（2012）．子どものめまい――小児起立性調節障害を中心に．*Equilibrium Research*，71(2)，53-60.

Torigoe, K., Numata, O., Ogawa, Y., Kaneko, U., Usuda, T., Imamura, M., Takeuchi, K., Suzuki, H. & Endo, H.（2001）. Contingent negative variation in children with orthostatic dysregulation. *Pediatrics International*, 43(5), 469-477.

ヤングケアラー

奥山　滋樹*
Okuyama Shigeki

1　本邦における「ヤングケアラー」に関する現状と課題

　通常、大人が担うような家事や家族の世話を日常的に行っている子どもや若者のことを「ヤングケアラー」という。筆者は大学院生の頃から研究テーマとしてヤングケアラーの問題に携わってきた。研究を始めた当初は「ヤングケアラーとは何ですか？」、「そんな子どもが本当にいるんですか？」と尋ねられることも少なくなかったが、今はそのように尋ねられることは殆どなくなってきており、ヤングケアラーという存在が徐々に社会的に認知されつつあるのを実感している。近年は国や自治体単位での実態調査の実施・結果公表、当事者の苦悩を取り扱った報道の増加なども後押しとなり、ヤングケアラーに対する支援の機運が高まってきている。例えば、埼玉県では全国に先駆けて支援条例を制定し、当事者が集えるオンラインサロンを開設している。また、これ以外でもヤングケアラーに対応する専門の相談窓口を自治体が設置するなどの動きも見られるようになってきており、少しずつ当事者が支援を求める声を上げやすい状況が作られつつある。

　それでは、支援を提供する側では当事者に対してどのようなアプローチを図っていけるだろうか。2021年に国が公表した調査結果からは、およそ5％程度の子どもが家庭内で日常的に家族のケアを担っていることが示唆されており（厚

＊仙台市教育委員会スクールカウンセラー

生労働省，2021c）、当事者が決して稀な存在ではないことが見て取れる。しかしながら、現状では国としてヤングケアラーに対してどのような支援を提供していくかという点は定められておらず、支援のアプローチはそれぞれの現場レベルでの判断に委ねられている。そうした中では提供される支援の質にバラつきが生じることは勿論のこと、各現場で奮闘する支援者（行政職員、教師、福祉専門職、SC などの心理職等々）の負担感も大きなものとなるだろう。

　そこで本稿ではヤングケアラーに対して、どのような支援的アプローチが取り得るのかを、主にブリーフセラピー的な視点を援用しつつ、現場で奮闘する支援者の「ガイド」となり得るような検討を試みたい。

2　ヤングケアラーであるということ

　子どもや若者がヤングケアラーであることは、当事者にとって生活上で様々な影響を及ぼすと考えられている。学校への欠席や遅刻の頻回、学習上の困難、希望進路の変更・断念、友人関係を持てない、過度の身体の疲労、メンタルヘルスの悪化などが当事者に生じる可能性があることが指摘されてきている。これらの問題は家族をケアしている時期のみならず、当事者が発達過程にある子どもや若者であることから、その後の人生にも影響を及ぼしてくることが懸念されるものでもある。このような否定的な側面もある一方、家族をケアすることには生活技能の習得や内面的な成熟、家族間での親密な関係の構築などの肯定的な側面もあることが報告されている。

　一般的に、ヤングケアラーに関する議論が展開される際には否定的な側面が強調される傾向にある。確かに、発達途上の未成熟な子どもや若者が本来ならば自身がケアされるべき時期に家族のケアを担わざるを得ないことによって被る影響は看取できないであろう。しかしながら、しばしばヤングケアラーは自らが進んで家族のケアを担っているという場合が少なくない。例えば、私が実際に臨床業務で見聞きしてきたものの中では、親から褒められるためや、家族内の大変さを見かねて、子どもがケア役割を積極的に担っていたという例があった。こういった例では、当事者は様々な否定的な側面を被っていることを自

覚はしつつも、同時に、自分が完全に家族の世話を担わなくなればいいとは考えてもいないようであった。当事者である子どもからすると、仮に自分が家族の世話をしなくなれば、それまでの負担から解放されることができるという反面、今まで担っていた家族内の役割から降りることにも繋がる。すなわち、当事者からすれば、「自分がケアをしなくなる」ということは、家族内で親からの愛情や関心を喪失することや、あるいは他の家族に負担がのしかかる姿を間近で見ていくことを連想させる可能性があり、当事者の立場からすれば安心して家族内でケア役割を降りることを選び取ることのできない状況に拘束されていると見ることができる。

　ここまで見てきたように、ヤングケアラーであることは当事者である子供や若者にとって心身の健康を損なったり、様々な社会的機会を喪失したりする可能性をも孕むものである。しかしながら、当事者は負担感を覚えつつも、自らが進んで、家族のケアを担うことを選ぶ場合も少なくなく、その役割の放棄が積極的に望まれない場合もある。つまり、当事者からすれば、「ヤングケアラーであること」というのは大変な負担に感じられる一方で、すぐに役割を手放そうと思えるものでもないのである。支援者においては、当事者がこのような両価的ともいえる認識を抱いていることを頭に入れておく必要があるであろう。

3　ヤングケアラーのいる家族の傾向

　子どもや若者がヤングケアラーとなる背景には複数の要因が考えられるが、そのなかの一つに経済的問題があげられる。ヤングケアラーのいる家族では、一ヶ月に費やせる「生活費の支出額」が国全体の平均額を下回ることが報告されている（渡邉ら．2019）。このことからは福祉的なサービスの利用による経済的な負担を避けるための方策として子どもや若者による介護・ケアが選び取られている実態が示唆される。また、経済的な問題のみでなく、家族の構成も関わってくる。ヤングケアラーは都市部ではシングルマザー世帯に、小都市や農村部では三世代同居世帯に、それぞれ多くなる傾向にある（渡邊ら．2019）。この結果からは、都市部では孤立したシングルマザー家庭で母親が心身の不調を

きたした際に子がケア役にまわり、小都市や農村部では共働きなどで両親が働いている間隙を埋めるかたちで子が祖父母世代のケアを担うという二つのヤングケアラー像が典型例として想定され、いずれも他に家族をケアする役割を担う人物がいないがために、子どもがケア役割を担わざるを得ない環境にあると想定される。さらに、家族のシステムとの関連においては、親と子の間での力関係にそれほど差が見られないような家族の場合にはヤングケアラーの負担感は高くなる傾向にあり、家族内で子の立場にあるヤングケアラーが親世代と同等の責任と役割を担うことで負担感を覚えていることが示唆されている（奥山,2020）。

このように、ヤングケアラーがいる家族では、家族内で誰かのケアが必要な事態に至った際に、経済的な困難さによって家族外のサービス利用に抑制的であったり、あるいは家族構造的に他に家庭内でケア役割を担える人物が不在であったりするために、子どもが家族の中でケア役割を担うという状況が生まれやすい。ブリーフセラピーの用語で説明するならば、「誰かのケアが必要」となった状況における、その家族システムの解決努力として、「子どもがケアを担う」という現象が生じていると捉えることができる。そして、この解決努力が続いていくなかで、子どもが大人と同等の役割や責任を背負うようになって負担感が高まってくるという状況に陥ってしまう。すなわち、「誰かのケアが必要」な状況に対する解決努力として子どもがヤングケアラーとなるのだが、その解決努力によってヤングケアラーとなった子どもの負担が生じ、新たな問題が家族内に生じてくるという悪循環が起こっていると理解することができよう。

4 支援に向けて

ここまでヤングケアラーに関して、その影響や当事者にとって「ヤングケアラー」であることの意味、ヤングケアラーのいる家族の傾向を見てきた。それらからは、①当事者にとっては「ヤングケアラー」であることは負担感と隣り合わせであるものの容易に手放しがたく拘束されていること、②誰かのケアが

必要となる問題状況が生じた時に家族の解決努力として子どもがケア役割を担うという事態が生じていることが考えられた。

これらからはヤングケアラーに対する支援を行う場合、支援対象を当事者である子どもだけに限定せず、「家族全体を支援対象として捉える」ことは大切であると考えられる。例えば、学校などで生徒がヤングケアラーと思われる場合には、生徒単独での相談支援や声掛けを行ったり、あるいは親などに対する説得をしたりというかたちでなく、学校と行政とで連携して必要なサービスを見極め、家族がそれまでの解決努力とは異なる手段を取れるように支援を行っていくことが重要であると思われる。そして、そのように家族全体に波及するような変化が生じることで、当事者である子どもや若者が安心して過重なケア役割を降りることができるようになっていくのではないだろうか。勿論、当事者である若者や子ども個人に焦点化した支援、例えば当事者グループでの体験のシェアの機会の確保や学習機会の確保や就業支援、そしてカウンセリングなどが必要な場合もあろう。そうした当事者向け、そして家族向けの双方に対する支援メニューが公的に用意されることが将来的には望ましいと考える。

インターネットの記事などで「ヤングケアラー」に関する報道がなされると、SNSなどでは「親は何をやっているのだ！」「これは虐待じゃないのか！」と憤るコメントが投稿されることが少なくない。親の責任を糾弾したくなる素朴な心情を理解できなくはないものの、支援者においてはヤングケアラーを一種の家族システムの解決努力と見立てて、当事者と家族の双方とがそうせざるを得ないような状況を解いていくように働きかけていくことが求められるであろう。

■引用文献

厚生労働省（2021）．ヤングケアラーの実態に関する調査研究報告書（案）．https://www.mhlw.go.jp/content/11907000/000767897.pdf

奥山滋樹（2020）．ヤングケアラーにおける介護負担感に対する影響要因の検討―家族の関係性、介護・ケアによる心理的体験の側面から―，家族心理学研究，33(2)，73-85.

渡邊多永子・田宮菜奈子・高橋秀人（2019）．全国データによるわが国のヤングケアラーの実態把握：国民生活基礎調査を用いて．厚生の指標，66(13)，31-35.

誰と話すのか　関係性と発達の視点から
――小児科におけるブリーフセラピー――

浅井　このみ＊
Asai Konomi

　小児科の心理士の役割は病院やクリニックの規模、地域により様々でしょう。本稿では、筆者が日々の臨床で意識している「小児科では誰と話すのか」について述べることにします。筆者の勤める総合病院小児科は道東地域で子どもの心理相談の受け入れを標榜している数少ない病院の一つであり（後藤ら，2018）、小児科医の指示のもと臨床心理士の心理相談（心理検査，カウンセリング）を外来で提供しています。患者の年代は乳幼児から中高生までであり、思春期以降に精神科医療が必要なケースは転科・転院します。小児科は子どもを診る科ですが治療契約者は保護者です。普段は母と来院していても別の日には父と一緒に来たということもあります。時には学校教員が同行することもあります。さて、こうした状況でカウンセリングを行うには「誰と話すのか」が課題になります。

1　セラピーの関係性の視点

　ブリーフセラピーでは、De Shazer はセラピストとクライアントとの関係性を三つに分類しています。問題解決意欲を持つカスタマー・タイプ、問題への不平不満は語るものの自ら積極的に行動しようとしないコンプレイナント・タイプ、相談意欲自体がなく面接に連れてこられたようなビジター・タイプです。

＊市立釧路総合病院

関係性は固定的なものではなく、セラピストとのやり取りで変化するものの（若島．2011)、これらの視点は面接の方針を決定していく上で役立ちます。

　初回面接において子ども本人はビジターであることが多く、筆者はそれで問題ないと考えています。かつては子どもに対し「お母さんから今日は何するって聞いてきた？」のように確認することで動機づけを刺激しようと試みていましたが、その質問が相談のハードルを上げてしまうことが多いと考え、取り上げないことが増えました。初回面接での子どもたちは「じっとしているからレントゲンのようにパシャッと終わらせてくれ！」くらいのモチベーションだろうと想定しています。できるだけビジタースタンスを歓迎し、お話や検査に協力してくれたことに労いと感謝を伝えることを心がけています。ビジタータイプでも子ども本人に相談動機があるかどうかは確認します。もちろん初めからコンプレイナントやカスタマーの子どももいます。

　保護者はコンプレイナント・タイプもカスタマー・タイプもそれぞれいます。その「関係性」を見つつ「今何にお困りなのか」を意識して面接を進めます。保護者のニーズが「診断や数値（IQ）が欲しい」のか「問題についてどうしたら良いか知りたい」のかできるだけ初回で共有できるようにします。全ての保護者がカウンセリングを受けたくて来ているわけではないのです。

　時々ですが、子どもも保護者もビジター・タイプの方がいます。周りから言われて受診してみたもののどうしたら良いかわからないという方々です。そうしたケースでは学校が困っていることが多い印象です。面接の中でニーズを拾い、支援につなげるのは専門職の仕事ではあるものの、保護者もビジター・タイプのケースを病院の枠組みで手厚く支援するのは困難です。小児科の治療契約者は子ども本人ではなく保護者です。学校など他機関から病院受診を勧める際には、少なくとも保護者が医師に問題を話し、治療契約を結び、次の約束に来てくれるだけのモチベーションを維持できる状態であることが必要です。

2　発達段階の視点
　子ども中心か保護者中心か、面接のバランスは発達段階に応じて異なります。

初めは保護者中心の相談になりますが、子どもの発達と共に徐々に子ども主体の相談に移行していきます。乳幼児の発達フォローの場合、子どもとも会いますが当然お話をする主体は保護者です。乳幼児に対して「"赤さん"、今日はどうされましたか」と質問し、「いやあ先生、いないいないばあの面白さがイマイチよくわからないんですよ。大人はみんなやってくるんですけど……」とはなりません。当たり前です。ですが、小学校1年生ならどうでしょう？中学生ならどうでしょう？中学生でもコミュニケーションが苦手で支援を受けているお子さんはどうでしょう？

　Ray（2016：小川・湯野訳，2021）はセラピストが子どもの発達についての知識をもち、発達に応じて介入を決めることが重要と述べています。子どもの発達初期には親子関係に焦点を当てた介入方法が主となり、次に非言語コミュニケーションによるセラピストと子どもの関係性に焦点を当てた方法へと移行し、さらに発達が進むと、認知や情緒の複雑な成長を重視した個別アプローチやグループアプローチができるようになります。また、どの年代の子どもに対しても「関係性」「言語」「認知操作」の視点を考慮すべきだと述べています。小学校中学年頃になると抽象的な思考も可能になり認知を少し扱えるようになりますが、認知や情緒の複雑な成長を重視した個別セラピーはさらに発達が進んでから適応されます。対話型セラピーに対して良い反応を示すのは抽象的な思考（形式的操作）を行うようになる児童期後期以降です（Ray, 2016：小川・湯野訳，2021）。しかし、ブリーフセラピーでは7歳児にも可能であると指摘があります（De Jong & Berg, 2013：桐田・住谷・玉真訳，2016）。それはブリーフセラピーが具体的な行動を扱い、ユーモアを大事にするセラピーだからかもしれません。臨床的には小学2〜3年生になると自分の言葉で相談できる子どもが増える印象ですが、発達段階的にはまだ具体的操作期であることを忘れてはいけません。

3　親子合同面接

　筆者の場合も、その子の発達段階（生活年齢にかかわらず）や状態像に応じて親子合同／同席面接か並行面接か、時間配分をどうするかなどを選択していま

す。合同面接ではセラピストと親子の関係にいくつかのパターンが見られると感じています。一つ目は、親子のまとまりが強く親子対セラピストのやりとりが続くケース。二つ目は、子がビジター・タイプで保護者とセラピストのやりとりが続くケース。三つ目は、子が主にセラピストとやりとりをし、それを保護者が後ろで見守るケース。

　二つ目の「子ビジター、親コンプレイナント／カスタマー」は主に保護者が困っているケースです。中には子どもが親の言うことをきかないので第三者から言い聞かせて欲しいという場合もあり、話が子どもにとってネガティブになりすぎないよう注意が必要です。一方で子どもに寄りすぎても保護者の協力をえられませんし（治療契約者は保護者）、保護者は子どもの問題にとってのリソースの塊でもあります。同席する子どもには若島（2010）を参考に「お母さんから話を聞くけど、もし違うところがあったら教えてね」や「後であなたの話も聞くからね」と伝えるようにしています。状況によっては「お話が終わるまで外で待ってていいよ」と伝え保護者のみと話すこともあります。話に参加せず待機してもらうことで問題に対する子どもの責任を軽減したいという場合に多いかもしれません。

　三つ目の「子コンプレナント／カスタマー、親見守り」の場合は低学年でも子どもと主に話をしています。こうしたケースでは普段から子どもが保護者に相談していそうだということがあります。お母さんに相談してみたけれど良い答えが出ないから今度カウンセラーに相談してみようという場合などです。子どもが自分で相談できるなら保護者に外で待機してもらうこともできますが、その場にいてもらうことで子どもが相談し答えを見つけるプロセスを親も共有できます。子どもがうまく相談できる様子を見て、親の緊張も同時に緩むのを感じることがありますし、子どもがうまく相談できない時には親からサポートしてもらうことで面接が進むこともあります。

4　保護者同席での「いいとこ探し」
　ここからお示しするのは全てよくある相談をもとにした架空の事例です。

特別支援学級に通うＡちゃんが「Ｂくんが授業中うるさいから学校に行きたくない」と相談に来ました。状況を整理すると、ＡちゃんはＢくんが授業中でも構わずおしゃべりするのが嫌でどうにかしてほしい。お母さんにも先生にも相談しました。先生がＢくんに注意してくれましたが、Ｂくんの言動は変わらない。Ａちゃんのお母さんはＢくんも特別支援が必要な子なのでＡちゃんに理解してほしい。一方でＢくんの行動も問題だという思いで相談を見守っています。「子コンプレイナント／親見守り」の関係性です。セラピストから、ＡちゃんがＢくんの問題行動を具体的にたくさん挙げられることを「観察力がある」とほめ、「ところでＢくんっていいところもある？」と聞いてみると、少し考えてからその場でいくつか上げてくれました。「面白い」「〜が得意」「そういえば昨日〜して……して楽しかった」。そう言えるとＡちゃんのＢくんへの気持ちも少し和らいできます。良い面も悪い面も両方気づけることをＡちゃんの力だと重ねてコンプリメントすることもできます。ここに保護者がいることで、それを一緒に共有したり、保護者も後でセラピストのやり方を真似たりすることができます。子どもが何も思い浮かばない時は保護者が「これはどう？」と提案してくれたり、躓いているセラピストの助太刀をしてくれることもあります。

5　視覚的なスケーリング・ツール

　表情スケールや怒りの温度計は抽象的な思考がまだ十分に発達していない子どもでも具体的にイメージしやすく有効な場合があります。筆者が普段使用している表情スケールは左から右に向かって「中立、こまらない」→「最悪、とてもこまる」の顔が段階的に描かれています。数字もついていますが「どのくらい？」と聞くと数字ではなく顔を指す子がたくさんいます。何点と聞かれるよりも表情を選びやすい子もいるようです。これも保護者に一緒に見てもらうと子ども理解につながります。子どもの辛さに「差がある」ことがわかると保護者も対応しやすいようです。

　怒りの温度計は目盛つきのアナログ温度計のイラストに、下から上に向かっ

て「1落ち着いている」→「10怒りばくはつ‼」と書かれています。本来は子どもが自分の怒りに気づくためのツールですが、ここではパラドキシカルな活用法をご紹介します。イライラの問題で相談にきたCくんにスケーリングをすると「普段は1、その次は10」といいますし、Dちゃんは「普段は2℃だけど3℃になると大爆発する」といいます。こうした問題で病院に相談に来るお子さんは0と10の間がなかったり、閾値がとても低かったりと怒りのコントロールに大きな課題を抱えていることが多いです。具体的に「1が落ち着いていて、4くらいでイライラしてきて、8〜9は今にも爆発しそうで、10で爆発！と考えるとその時は何度?」と伝えても、そのような大人の決めた目盛に当てはまる子どもばかりではありません。この場合、怒りの温度計でスケーリングし、型にはまらない子どもの答えを聞くことで「今はイライラを扱うのはとても難しい」と保護者もセラピストも理解できます。そうすると、本人のイライラ対処への努力を求めるよりも環境調整や他の部分の成長を促すことが近道であると納得して方針を決められます。子どもの表現を実際に見て保護者のフレームが変り Do differents に舵を切れるというケースです。

6　病院という構造の中で

　子どもの問題で本人とも親とも話すという意味では SC と同様ではないか、動機づけの低い子どもと会わず親とだけ面接を進めれば早そうだなど、様々な視点があるでしょう。他機関と比較した際の小児科の最も大きな特徴は子どもに医療を提供する場であることです。病院では医師の診察・診断と投薬を受けることができます。筆者の勤務する小児科のカウンセリングは「小児特定疾患カウンセリング料」の保険診療で自由診療の料金設定はありません。詳しくは厚生労働省のホームページをみるとわかりますが、この制度では特定の疾患、不登校、虐待等の子どもと直接会った上で、子どもや家族に対してカウンセリングを行うことが求められています。家族と話をしてもあくまでもカルテは子どものものです。本格的に「親の治療」が必要な場合はこの枠組みを超えるということでしょう。SC では子ども本人へのカウンセリングに加えて保護者や

教員への助言が求められますが、小児科のカウンセリングではほぼ全てのケースで子どもと保護者と同時に会います。こうした点に小児科でのカウンセリングの目的と構造の特徴があるといえるでしょう。

　保護者は子どもの最も身近な環境そのものであり、家族をシステムとしてみることで、相互作用による問題を検討することもリソースを得ることも可能です。問題の解決に対して子どもを巻き込むか、それとも環境調整を促すかは年齢、状況によってケースバイケースですが全てのケース、来談者に対してこれまでの努力と来院への労いを伝えるよう心がけています。

■引用文献

De Jong, P., & Berg, I. K. (2013). *Interviewing for solutions*, Fourth Edition. Brooks/Cole. 桐田弘江・住谷祐子・玉真慎子訳 (2016). 解決のための面接技法——ソリューション・フォーカストアプローチの手引き［第4版］. 金剛出版.

Ray, D. C. (2016). *A therapist's guide to child development: The extraordinarily normal years*. Routledge. 小川裕美子・湯野貴子監訳. (2021). セラピストのための子どもの発達ガイドブック——0歳から12歳まで　年齢別の理解と心理的アプローチ. 誠信書房.

後藤真愉子・須見よし乃・山本大・佐藤とよ子・長沼ひとみ・浅井このみ・石田友子・足立憲昭 (2018). 市立釧路総合病院の小児科一般外来における心理相談の実績と現状. 市立釧路医誌, 30, 39-44.

若島孔文 (2010). 家族療法プロフェッショナル・セミナー. 金子書房.

若島孔文 (2011). ブリーフセラピー講義　太陽の法則から照らすクライアントの「輝く側面」. 金剛出版.

児童相談所におけるブリーフセラピーの新たな展開

浜野　　翼*
Hamano Tsubasa

　筆者は千葉県内の児童相談所で、児童心理司として5年間、児童福祉司として5年間勤務してきた。本稿では、児童相談所業務におけるブリーフセラピーの新たな展開について触れていきたいと思う。

　まずは児童相談所の基本とする機能や実情、職員の役割について、簡単に説明しておきたい。児童相談所と聞くと、児童虐待への対応のイメージが強いかもしれないが、実はその役割は非常に多岐にわたっている。虐待対応以外にも、子どもの知的障害・身体障害・重症心身障害などに関する心身障害相談、子どもの性格特性・行動特性などに関する育成相談、虞犯行為・触法行為をした子どもへの対応を行う非行相談などがある。また児童相談所の一時保護所と聞くと、「虐待を受けた、可愛そうな子どもたちが集団で生活している場所」というイメージを持つかもしれない。しかし一時保護している児童の中には、上述した育成相談や非行相談の中で一時保護している児童も一定数いる。

　いま児童相談所の機能として、虐待対応だけはでないことを説明してきたわけだが、実際のところは業務の多くは虐待対応となっている。統計上では、児童相談所の取扱件数のうち、毎年約半数を虐待対応が占めている現状である。

　続いて職員の役割について紹介する。筆者に児童心理司、児童福祉司としての職務歴があるというのは冒頭に述べたとおりである。児童心理司はかつて療

*千葉県庁児童家庭課

育手帳判定が主たる業務だった頃は「心理判定員」という名称であった。虐待対応に関しては、主に虐待を受けている子どもへ対応する役割を担っている。一方、児童福祉司は主に子どもの保護者や親族、関係機関に対応する役割を担っており、よく「職務に忙殺される児相ケースワーカー」などと表現されるのは、この児童福祉司のことを指している。

　児童相談所の概要に触れたところで、そこでブリーフセラピーがどのように活用され、展開されているのかについて触れていこうと思う。読者は近年注目を浴びている、ブリーフセラピーが形を変えたものであり、児相業務に導入され始めている技術をご存知だろうか。名前を「サインズ・オブ・セーフティ・アプローチ（以下、サインズという通称を用いる）」という、虐待対応ケースワークの手法である。本稿では以下で、このサインズについて解説し、紹介していくこととする。ちなみに筆者としては、虐待対応のケースワークに限らず、ブリーフセラピーの技術は児相業務全般に応用が効くと考えているが、ここでは紙面の都合で割愛する。

　サインズは1990年代の、西オーストラリアにて誕生した。考案したのは家族療法家でありブリーフセラピストである、アンドリュー・タネル氏と、ソーシャルワーカーであるスティーブン・エドワーズ氏を中心とした、福祉の実践家たちである。

　サインズは広くアメリカやヨーロッパの虐待対応の現場で導入されており、各方面からエビデンスが報告されている。近年、日本でも児童虐待が問題視されるにつれ、国内でも注目を浴びており、導入を試みる自治体も増えてきている、そんな状況である。筆者は千葉県の職員であるが、千葉県庁にもサインズの検討と、導入を推進していく事業がある。筆者はその事業に７年間所属しており、ブリーフセラピーと並行してサインズについても学んできた。余談だが、その点で筆者の強みは、ブリーフセラピーとサインズを横断しながら、それぞれを比較したり、並べて解説できる点であるかもしれない。

　サインズの考案者たちは、革新的なソーシャルワークの体系を考えるにあたり、ブリーフセラピーの中でもSFAの技術の多くを採用することとした。我々

にも親しみのある、スターティング・クエスチョン、スケーリング・クエスチョン、ミラクル・クエスチョンなどをはじめとして、ほとんどの質問技法が、サインズでも採用されており、これらの質問技法を軸に、面接を組み立てることが推奨されている。

　サインズの中心的な考え方をいくつか紹介する。一つ目が、「家族とパートナーシップを構築すること」である。子どもの安全を構築するうえで原動力となるのは、何よりも当事者である保護者自身の動機づけであり、従来の行政による訓戒・誓約型の対応では子どもの安全は守られない、という考えである。

　二つ目が、「ストレングス志向である」ということである。サインズには解決のカギは、その家族の欠点ではなく、強みやリソースである、という哲学がある。児相職員も、ついつい目の前の家族の問題点ばかりが目についてしまい、健全な部分やうまくやれている部分は意識的に見ようとしないと、見ることは難しいものである。それを踏まえ、サインズは積極的に家族の肯定的な側面、例外的な側面に焦点を当てることを、思想的に促しているといえる。

　三つ目が、「安全の兆しは、家族の中にある」というものである。サインズには、「家族の安全に関しての専門家は家族自身であり、担当者は教えてもらう姿勢で家族に向き合うべきである」という考え方が通底している。このように家族から教えてもらうために、問うていくことの重要性が強調されている。

　いかがだろうか。一つ目は肯定的なまなざし、二つ目はリソースや例外への着目、三つ目は not knowing やワンダウン・ポジションの姿勢の強調、どれもブリーフセラピーとの関連で解釈することができるものではないだろうか。その点で、サインズの基本姿勢や考え方は、我々にとって親和性があり、どこかで聞いたことがあるような話でもあり、非常になじみ深いものであると思う。

　それではもう少し具体的な内容に言及していく。サインズには、そのモデルの中軸に、「デンジャー・ステイトメント」と「セーフティ・ゴール」という概念がある。前者は、「児童相談所は、このままの家族の状態が維持された場合、どのような危害が起きると予想しているか」、「どのような事態になることを懸念して、児童相談所はあなたたち家族にかかわっているのか」を保護者に

示す文言のことである。デンジャー・ステイトメントは児童相談所がかかわっていることの「根拠、説明責任」としての役割を持っている、といえる。

　一方、セーフティ・ゴールとは、「家族のどのような姿が見られれば、児童相談所はかかわりを終えていいと判断するのか」を保護者に示す文言のことである。端的にいうと、セーフティ・ゴールは「児童相談所が保護者に求める家族の姿」、「児童相談所が保護者に伝える見通し」としての役割を持っている。

　サインズでは、ケースのできるだけ初期の段階で、「かかわる根拠」としてのデンジャー・ステイトメントを伝え、「全体的な方向性や見通し」としてのセーフティ・ゴールを伝える。そのうえで子どもが再虐待を受けないための安全策を家族と協働して考えていく。この一連の流れが、サインズのモデルとしての核となる部分であるといえる。特にこのゴールの考え方に関してもSFAとの関連で解釈すると、理解しやすいだろう。

　ここまでSFAとの関連性や類似点を中心に、サインズについて説明してきた。ここからはサインズならではの要素について触れていこうと思う。数多くのツールの中から、本稿では代表的な三つを紹介する。これらのツールは、家族と家庭の安全について考えることを促進する手法として、機能するものになる。

　一つ目に、「マイ・スリー・ハウス」を挙げる。実施するタイミングとしては、ケース初期の段階で子どもに対して行うことが多い。手続きとしては、まず子どもに「安心の家」、「安心でない家（心配の家）」、「希望の家」という三つのテーマに沿って、それぞれ絵を描いてもらう。次に描いてもらったそれらの絵をもとに、担当者が子どもに、イメージを具体化するためインタビューをしていく。たとえば「安心の家」であれば、安心な家とは具体的にどのような状況か、誰がいてどのような表情で、どんな振る舞いをしているのか、という具合である。これを三つそれぞれのテーマに行うことで、子ども視点で見た家庭の様子を把握していく。特に「安心の家」では、「危険な家庭状況」という問題に対しての例外的な状況を見出すために、「安心でない家」では、虐待に関するリスク要因を見極めるために、「希望の家」では、子どもが指し示す望ましい変化や、保護者とのゴールを構成する要素を探索することを意図して、実

施している。なお、この「マイ・スリー・ハウス」に関しては、子どもに了解を取ったうえで、保護者に見せることもよく行う。子どもが自ら描いた絵を見て、子どもの声を担当者から代弁することで、保護者が子どもの安心や安全について、以前に増して真剣に向き合うようになるケースは少なくない。

　二つ目に、「スリー・カラム」を紹介する。実施するタイミングとしては、保護者との毎回の面接時に行い、面接内容をマッピングすることを目的として実施する。「カラム」とは日本語の「欄」を英訳したものであり、手続きとしては、まずホワイトボードや手元の記録用の紙面を三つの欄に区切る。その後、面接内容をそれぞれの欄に割り振り、記入しながら面接を進行していくのである。その際、基本的には、埋まっていく欄を保護者にも見てもらいながら話を進めていく。三つの欄がそれぞれどのような意味を持っているのかというと、一つ目がうまくいっていないこと、心配なことが記入されていく欄である。二つ目がうまくいっていること、リソースなどが記入されていく欄である。三つ目がこれから先にやっていくことが記入されていく欄である。聞きなじみがあるかもしれないが、要するにマイ・スリー・ハウスで子どもに描いてもらった事柄を大人に対しては面接の中で確認していく、という構造になっている。このようにマッピングしながら面接を展開していくことにより、保護者にとっては、担当者と何について話し、何について聞かれ、この先何がどのようになっていくのかがわかりやすい。また担当者にとっては、面接を記録として残しやすい。さらに虐待対応だとついつい心配な状況ばかり聞きたくなってしまうのが、担当者としての性であるが、このように項目が作られていると、必然的に家族のうまくいっている状況についても確認することになる。そのため、見過ごしてしまいがちな例外的な状況や、家族のリソースについての情報が得られやすい構造となっているわけである。

　三つ目に、「ワーズ・アンド・ピクチャーズ」を紹介する。実施するタイミングとしては、ある程度、家族との話し合いに進展が見られ、子どもの家庭での安全策について、ある程度固まった段階で実施することが多い。手続きとしては、保護者が考えた子どもの安全を守るための方策を、保護者から子どもに

伝えるための紙芝居のようなものを、担当者と保護者とで協働して作成していく。保護者が描いた絵に文章を添える形で、保護者が考えた、「子どもの安全策」を具現化する。このように形作ることの利点はいくつかある。まず子ども側の利点としては、保護者が自分のために尽力したことが率直に嬉しいだろう。また保護者の言葉に加え、絵と文章で補い、見える化することで子どもにとって非常に理解しやすくなる。

　保護者側の利点としては、子どもに伝えるべき点を担当者とともに整理できることが挙げられる。意外に思う読者もいるかもしれないが、子どもを前にして、保護者が考えたことを伝える際、保護者が我が子を前に高い緊張状態になってしまうことがよくある。また丁寧に伝えようとして、かえって子どもにとって難解な説明になってしまったりすることがよくあるのである。その点で、保護者にとって、ある程度伝える内容をまとめておけることは利点といえる。

　このように子どもや大人にとって利点となることもあるが、ある意味で担当者にとっての利点もある。これはどちらかといえば、ブリーフセラピー的な視点になるが、これまでの担当者との話を成果物として残すことで、保護者に対して、一定の拘束力を持つことが期待できるだろう。

　これまで部分的にブリーフセラピーと対比させながら、サインズの考え方や、概念、ツールに関して紹介してきた。基本的にはこれらの考え方や技術を用いながら、子どもの安全について、保護者や家族、関係者と面接を行っていく。家族の肯定的な側面にも触れながら、一方で子どもの安全に関して妥協せず、保護者に譲ることなく、家族に安全策を考えてもらい、担当者はそれに伴走する。そのようなケースワークがサインズの特徴であるといえるだろう。

　ブリーフセラピーは、サインズ・オブ・セーフティ・アプローチという名で、児童福祉の世界において、独自に変化と発展を遂げながら、徐々にではあるが、本邦でも浸透してきている。痛ましい虐待事例が起こるたび、強権的な対応を要請する声は高まる。何が本当に効果的で、かつ家族の求めている支援なのか、日本全体が模索している中で、ブリーフセラピーの系譜であるサインズに向けられた期待や、サインズがもたらす役割と意義は非常に大きい。

慢性疼痛とブリーフセラピー

三道　なぎさ*
Sando Nagisa

1　慢性疼痛とは

　痛みとは一般的に、外傷や熱傷をおったときなどに起こる一過性の「急性痛」と、痛みの原因が治癒したと考えられるにもかかわらず痛みが残存する「慢性疼痛」に大別される。国際疼痛学会による慢性疼痛の定義は、「治療に要すると期待される時間枠を超えて持続する痛み、あるいは進行性の非がん性疼痛に基づく痛み」であり、その持続期間については、世界保健機構（WHO）による国際疾病分類 ICD-11では、「3ヵ月以上持続する痛み」と示されている。

　慢性疼痛の原因については、複数の要因から複合的に捉えるものとされている。例えば痛みの原因というのは、侵害受容性疼痛、神経障害性疼痛、認知性疼痛の3つに分類される。侵害受容性疼痛とは、外傷や熱傷等の炎症や組織損傷によって生じた発痛関連物質が侵害受容器（痛みを起こす刺激の受容器）を刺激することによって引き起こされる痛みを指し、神経障害性疼痛は、体性感覚神経系（痛みや熱さなどを感じる知覚神経）の直接的な神経損傷病変や神経疾患によって引き起こされる痛みを指す。一方、認知性疼痛というのは、侵害受容性疼痛または神経障害性疼痛のいずれにも属さない痛みを指す。認知性疼痛という言葉は、かつて心因性疼痛と呼ばれることも多かったが、患者にとっては痛みの原因が自身の心にあるというメッセージとして伝わる可能性があるため、現

---

*東北文教大学

在では認知性疼痛または原因不明の疼痛として捉えることが医療現場では推奨されている。また侵害受容性疼痛及び神経障害性疼痛は、身体的異常による影響が強いという意味で「器質性疼痛」、認知性疼痛は精神医学的問題の影響が強いという意味で「非器質性疼痛」と呼ばれることもある。

　臨床上、これら3つの疼痛を明確な境界線を引いて分類することはできず、またあらゆる痛みにおいて程度の差はあるものの心理社会的要素による修飾が存在するため（岩下，2020）、慢性疼痛の治療では、生物心理社会モデルで複合的に捉えることが一般的となっている。

2　痛みを修飾する心理社会的要素

　慢性疼痛における痛みの原因と心理社会的要素の関係は、饅頭に例えるとわかりやすい。痛みの原因は侵害受容性疼痛、神経障害性疼痛、認知性疼痛の複合体であり、饅頭の「餡」にあたる。その餡を包む「皮」が心理社会的要素であり、原因であるもともとの痛みを増強・持続させていると考える（Fig. 1）。慢性疼痛治療においては、医師が主に「餡」部分の治療を担い、心理職が「皮」部分へアプローチすることになる。

　痛みは長引くと、不安感や治療の効果が現われないことへのいら立ちの感情が生じ、痛みに対して過剰に意識がとらわれて悲観的になる（これを破局的思考と呼ぶ）。このような思考は、痛みの回避行動や自己効力感の低下を招き、職場や家庭内の役割に影響を与えて社会からの孤立や経済的困窮などの問題へと発展していく（青野・西原，2020）。つまり、はじめは外傷や身体疾患などをきっかけに痛みが生じたとしても、そこに職場や家

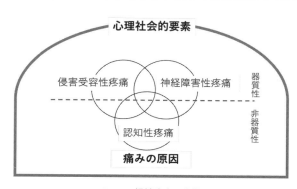

Fig. 1　慢性疼痛の病態

庭環境などから心理的負荷がかかると痛みが増強されて、慢性化していくのである。そのため慢性疼痛治療における心理アプローチでは、痛みを修飾している心理社会的要素をインテーク面接や心理検査を用いて介入すべき部分を評価し、心理療法を用いて改善を目指していくことが求められる。

インテーク面接では、生育歴を中心に心理社会的要素を評価していく。細井（2020）によると、難治性の慢性疼痛患者における生育歴では、幼少期の問題（ファーストヒット）と学童期・思春期の問題（セカンドヒット）が先行し、成年後の発症直前の心理社会的ストレスや急性の身体疾患が直接の発症因子（サードヒット）となり、複雑な病態が形成されるとしている。ファーストヒットでは、両親の不適切な養育スタイル（過干渉・低ケア）、愛着の問題、両親の不和、親の酒乱、同胞葛藤、虐待などにより、安心感や自然な感情を語り合った体験が得られず、失感情症が形成されやすい傾向がみられる。セカンドヒットでは、いじめられ体験、劣等感、不適応とそれらに伴い偏った認知が形成されやすい。サードヒットでは、家庭や職場の問題として、ハラスメント、経済的困窮、家庭内暴力、配偶者との交流不全、嫁姑問題、看護あるいは介護に伴う心身の疲弊、過労、遺産相続問題などがみられ、医療現場の問題としては、医療従事者との交流不全や医療不信が挙げられることが多い。

痛みを修飾している心理社会的要素を評価する検査としては、痛みに対する破局的思考の程度を測定する「Pain Catastrophizing Scale；PCS（Sullivan et al., 1995）」、痛みへの対処能力である自己効力感を測定する「Pain Self-Efficacy Questionnaire；PSEQ（Nicholas, 2007）」、痛みに対する認知評価として運動への恐怖感を測定する「Tampa Scale for Kinesiophobia；TSK（Miller at al., 1991）」、痛みに対する心理的ストレスを評価する「Hospital Anxiety and Depression Scale；HADS（Zigmond & Snaith, 1983）」等が臨床場面でよく用いられている。

3　慢性疼痛への心理療法

現在、日本の慢性疼痛治療における心理療法の第一選択として、認知行動療法（CBT）が定着しつつある。その根拠としては、最近出版された『慢性疼痛

診療ガイドライン』の影響が大きいと思われる。このガイドラインは、日本の医療現場においてこれまで使用されてきた様々な慢性疼痛の治療方法に、論文を基準に算出したエビデンスレベル及び推奨度を付加することで、医療現場における治療効果の底上げをしていくことを目的にしている。このガイドラインにおける心理アプローチの章では、心理教育、行動療法、CBT、マインドフルネス、アクセプタンス＆コミットメント・セラピー（ACT）、催眠療法、自律訓練法、漸進的筋弛緩法が取り上げられている。なかでも CBT、マインドフルネス、ACT の３つは、エビデンスレベル及び推奨度が最も高い評価となったことから、慢性疼痛治療に関わる医療従事者の間で、"慢性疼痛への心理療法＝ CBT（第三世代を含む）"という認識が醸成されているように感じる。また、慢性疼痛への心理療法は診療報酬が得られないことから、慢性疼痛患者が通うペインクリニックでは臨床心理士／公認心理師が必要とされつつも雇えないことも多く、心理療法を含めた心理アプローチを看護師や理学療法士などの医療従事者が代替することも少なくない。そのような場合、CBT は手順が定式化されており、心理の専門的トレーニングを受けていない医療従事者でも取り組みやすい心理療法（水野・福井. 2020）という理由から、慢性疼痛の医療現場に積極的に取り入れられているように思われる。

　しかしながら、筆者が心理の専門職として慢性疼痛治療に携わっていると、ブリーフセラピーこそ慢性疼痛患者の心理面接に適していると感じる。例えば、慢性疼痛治療の目標設定では、痛みそのものを取り除くことよりも「痛みがあっても○○できる」という日常生活動作（ADL）や生活の質（QOL）の向上が重視されているが（城. 2020）、それはブリーフセラピーにおける解決志向アプローチ（SFA）の問題の捉え方及び介入の方向性そのものといえる。例えば、痛みをシステムにおける問題と捉えるならば、SFA では、痛みがないときや比較的落ち着いているとき（良循環）が必ず存在することを前提に、「痛みが比較的落ち着いているときは、何をしているときですか」等と質問して具体的行動を探り（例外探し）、その行動を増やしていく（拡張する）。つまり、SFA における例外探しや例外の拡張は、慢性疼痛治療が目指す「痛みを自己コントロー

ルしている状態」を引き出すことなのである。

　また、慢性疼痛患者では、しばしば心理アプローチへの心理的抵抗（抵抗）がみられ、医療従事者を悩ませる。抵抗を示す要因は、診断されていない精神疾患やこれまでいくつもの病院をたらい回しにされてきたことによる医療不信などの心理社会的要素によるものが多いが、精神科や心療内科ではなくペインクリニックを受診している患者には、自身の痛みは心理社会的要因ではなく、身体的要因によるものという強い認識が存在する。そのような患者は当然ながら心理療法等の心理アプローチは不要と思っているため、心理面接に消極的で心理療法の効果も発揮されにくい傾向があるが、患者とのコミュニケーションを心理面接のなかで直接扱うブリーフセラピーの技法は、患者の抵抗さえも治療や心理面接に活かすことができる。例えば、三道ら（2017）は、実際に心理面接への抵抗を示す慢性疼痛患者に治療的二重拘束技法を使用し、その効果を報告している。この事例では、患者に「失神（慢性疼痛における二次的症状）という症状が、あなたのおっしゃる通り心理的問題によらないのであれば、あなたの努力で減らすことができるはずです。」という内容の治療的二重拘束技法を使用し、患者に心理面接の今後の方向性を次の二択から選択させるようにコミュニケーション上の拘束をかけている。その二択とは「自身の症状に心理的問題が関与していないことを証明するために、症状を減らそうと心理面接に積極的に取り組む」または「症状を減らせなかった場合は、患者が症状に対する心理的問題の関与を認める」であり、これらは患者がどちらを選択したとしても心理面接を前進させることができる構造となっている。このようにブリーフセラピーには、患者とのコミュニケーションに直接介入するという強みがあるため、治療場面で医療従事者を悩ませる患者の抵抗も心理面接に活かすことができる。

　一方 CBT は、エビデンスに基づく治療プログラムと定式化された手順を備えていることから、心理以外の医療従事者も使いやすいという強みがある。しかし、ブリーフセラピーと比べると、CBT は心理面接への抵抗がある患者や意欲の低い患者には、やや不向きに思える。CBT では、目の前の患者とのコ

ミュニケーションに直接介入するのは難しいため、「心理面接は自分には不要と思っている」、「ホームワークをやってこない」等の抵抗によって心理面接が行き詰まってしまうことも少なくない。このような場合、CBT では動機づけ面接との併用を推奨しているが、動機づけ面接の手法を心理以外の医療従事者が数回の研究会等で使いこなすことは難しいため、抵抗の強い患者への CBT ではやはり難渋するだろう。

　以上より、慢性疼痛の治療場面において心理アプローチの効果を最大限に高めるには、患者を的確にアセスメントしたうえで、ブリーフセラピーや CBT 等の心理療法を併用したり、使い分けたりする必要がある。それには、心理を専門としない医療従事者が心理アプローチを代替するのでは限界があるため、やはり臨床心理士／公認心理師という心理職が担う必要があるだろう。しかし、現状では診療報酬の問題が大きな壁となっているため、近い将来、診療報酬の改定がなされ、多くの臨床心理士／公認心理師が慢性疼痛治療に携わるようになることが望まれる。

4　今後の展開——子どもと慢性疼痛

　慢性疼痛という言葉からは、大人の症状や疾患というイメージがあるかもしれないが、不登校や何らかの不適応に起因する児童・生徒の長引く頭痛や腹痛等も、心理職がいるペインクリニックでは治療対象となる。筆者がこれまで勤務してきたペインクリニックでも、頭痛や腹痛で学校へ行けない児童・生徒の治療を行っており、治療の中心は心理アプローチである。そのような児童・生徒やその保護者にとって、ペインクリニックは、精神科や心療内科よりも足が向きやすく、また子どもが一人で受診することはないため、保護者を含めた家族面接を導入しやすいという利点もある。学校現場では、児童・生徒に痛くて登校できないと言われると、どうしても身体疾患の関与も考慮しなければならず、子どもへの対応やカウンセリングが難渋することも少なくない。そのようなケースに遭遇した場合、本稿をきっかけに、今後、学校関係者が子どもを紹介・連携する医療機関としてペインクリニックが選択肢のひとつとなることを

切に願っている。

■**引用文献**

細井昌子（2020）．身体症状症：疼痛が主症状のもの．牛田享宏・福井聖・川﨑元敬編．痛みにチームでアプローチ！慢性疼痛ケースカンファレンス．メジカルビュー社．

岩下成人（2020）．慢性疼痛の定義・分類．牛田享宏・福井聖・川﨑元敬編．痛みにチームでアプローチ！慢性疼痛ケースカンファレンス．メジカルビュー社．

城由起子（2020）．慢性疼痛治療の目標設定．牛田享宏・福井聖・川﨑元敬編．痛みにチームでアプローチ！慢性疼痛ケースカンファレンス．メジカルビュー社．

慢性疼痛診療ガイドライン作成ワーキンググループ（2021）．慢性疼痛診療ガイドライン．真興交易(株)医書出版部．

Miller, RP., kori, SH. & Todd, DD. (1991). The Tampa Scale: a measure of kinesiophobia. *The Clinical Journal of Pain*, 7.

水野泰行（2020）．心理療法：①基礎知識．牛田享宏・福井聖・川﨑元敬編．痛みにチームでアプローチ！慢性疼痛ケースカンファレンス．メジカルビュー社．

Nicholas, MK. (2007). The pain self-efficacy questionnaire: taking pain into account. *European Journal of Pain*, 11(2), 153-63.

三道なぎさ・伊達久・小林佳祐・柿崎千穂（2017）．心理的介入（治療的二重拘束）が線維筋痛症患者の失神回数減少に有効であった1例．慢性疼痛, 36, 63-68.

青野比奈子・西原真理（2020）．心理・社会的背景．牛田享宏・福井聖・川﨑元敬編．痛みにチームでアプローチ！慢性疼痛ケースカンファレンス．メジカルビュー社．

Sullivan, MJ., Bishop, SR. & Pivik, J. (1995). The pain catastrophizing scale: development and validation. *Psychological Assessment*, 7(4), 524-532.

Zigmond, AS. & Snaith, RP. (1983). Hospital anxiety and depression scale. *Acta Psychiatr Scand*, 67(6), 361-370.

学校と医療機関の連携のための工夫

志田　望[1)]・伊東　優[2)]
Shida Nozomu, Itoh Yu

1　はじめに

　学校現場では、子どもたちが主訴として心身症状を訴える場合、医療機関へのつなぎを検討する。学校で困難ケースとされやすいのは、学校から医療機関への情報提供やリファーそのものよりも、受診をめぐる関係者（教師や家族）間の意思疎通上の齟齬や誤解によってスムーズな受診が膠着する場合である。医療機関への受診という行為は、我々支援者が感じるよりもクライエント（一般人）にとって繊細なテーマである。関係者それぞれの受診に対する考え方は異なるのが普通であり、様々な思惑が交錯しやすく、互いの些細な行動に過敏に反応し合ってしまうことは珍しくない。従って、医療機関への受診というテーマを扱う際、関係者それぞれの受診に関する枠組みや相互作用の丁寧な見立てが必須である。

　本論では、パニック発作を訴えた高校生とその親の、医療機関受診をめぐる相互作用に介入した事例を紹介し、その調整の工夫、要点について考察する。なお、本論文の事例は、複数の事例を組み合わせ、支援の要点が歪まない範囲で内容を改変したものである。

1）龍谷大学非常勤講師・滋賀県SC　2）医療法人 栄仁会宇治おうばく病院

2 事例概要および来談経緯

支援者：公立高校勤務のスクールカウンセラー（以下，SCと表記）。

来談者：母、A（高1男子）

面接回数：親面接2回、本人（A）面接5回の計7回面接。

家族構成：母、姉、A。

来談経緯：

X年9月上旬、Aは通学途中の電車内で動悸が止まらなくなり、必死に耐えて登校はしたものの、養護教諭に母を呼んでもらい早退した。養護教諭は母とAに「パニック障害」の可能性を説明し、心療内科の受診を勧めた。母とAは同意し、B心療内科を受診したが、医師がパソコンを打ちながらAに一瞥もくれなかったことに対してAは激怒し、服薬も拒否し受診を止めてしまった。その後Aは、他の心療内科への受診を希望したが、母が送迎を断ったため親子で大喧嘩になってしまい、それ以来受診の話は保留のままになっていた。

そうした中、養護教諭から紹介され、SCはAと面談することとなった。

3 事例経過

（1） 第1回面接　来談者：A

Aは、ノリがよくはきはきとしゃべる子である。主訴を訊ねると「電車に乗るのが不安で、移動手段がない。パニック発作を治したい。」と話した。電車に乗れないことによる生活上の支障については、自転車だと通学に1時間以上かかること、所属している陸上部の試合会場までの移動手段がないこと、休日には趣味で始めたバンド活動をする上でスタジオまでの電車に乗れないことだった。また最近は、朝に倦怠感が強く、寝坊してしまうために遅刻が続いているようであった。

そのため、心療内科を受診したいが通院手段がなく、母に心療内科までの送迎を頼んだが、「忙しいから難しい。自分でなんとかして」と言われてしまった。発作については、仲のよい友達数人には話しているが、解決方法がわからない。このままでは楽しい高校生活が送れなくなることを懸念している。

家族については、母の仕事はイラストレーターであり、Aが幼少期に離婚して以来、Aと姉の２人を女手一つで育ててきており、仕事も非常に多忙であるため、Aも洗濯や掃除などの家事に協力している。専門学生の姉は、よく話をする仲だが、発作の話をすると「気の迷い」だと言われて腹が立つので、最近はその話題を出していない。Aは、全体を通して「母が現状を理解してくれていない」と繰り返し強調していた。

　SCは、部活、バンド、アルバイト、家事など、Aがこなす多くの活動に驚きを示すと、Aは「慣れているし、しんどくはない。なんでも自分でやりたい」と話した。SCは、Aの活動量を称賛した上で、「多くの負荷がかかることで、一時的に筋肉痛のような状態になっている。今は超回復（筋肉の回復期）の時期だから、しばらくこれ以上活動を増やさないように。」と伝えた。また、受診の必要性をSCが母に説明すること、面接内容を学校関係者で共有することの了承を得た。

（２）　面談後の情報共有　参加者：SC、担任、養護教諭、教育相談担当教員

　Aは、担任や部活の顧問、養護教諭とはよく話をしており、母に対する不満を訴えているとのことであった。しかし、担任によれば、母は多忙ではあるものの電話連絡や来校時には丁寧に話を聞いてくれる人であり、学期末の三者面談ではAと母が互いに冗談を言い合うような様子が見られ、仲が悪いようには見えなかった、とのことであった。

　養護教諭は、地域の医療機関（思春期外来）をリストアップしたが、いずれもAが自力で通うことは難しい位置にあった。受診への同行を母に依頼するため、学校に母を呼ぶこととなった。

（３）　SCの仮説と介入の方向性

　SCは、情報を整理し、以下の仮説を立てた。矢印で表現した部分は、実際に聞き取った関係者の行動レベルの相互作用で、括弧内は相互作用から類推した関係者の状態や心情である。

　①友人：Aを誘う→A：応じる→友人さらに誘う→A：応じる→…
　　（友人関係の中で過活動気味になるが、負荷の自覚はない）

②Ａ：姉と日常会話→母とＡ：冗談を言い合う→Ａ：母に受診の送迎を訴える→母：断る

　→Ａ：発作に対応不能、学校関係者に母についてグチを言う…

（家族内では軽い話題は話せるが、受診というシリアスな内容に移りにくく、いざＡが母に話を切り出すと母は軽いノリで断り、Ａは自分のことを理解してもらえていないと不全感を抱き、学校関係者にグチりながら活動的な日々を送る）

　SCは、下線部①に対しては、「筋肉の超回復」というメタファーでＡの行動の抑制をかけ、下線部②に対しては、母に受診の送迎という形でＡをサポートするよう伝えていくことを方向性として描いた。

（4）　第2回面接　来談者：母

　Ａとの面談の1週間後、母面接を行った。母は、「Ａは昔から、自分の好きなことをとことんやりたがるタイプで、今回についても、色々手を出しすぎて、疲れているのだと思う。自分も似たようなタイプだから、なんとなくわかる。」「Ａは普段、家で明るく振舞うが、空元気な感じもある。自分が発作について厳しく言ったことがあるから、拗ねているのではないかと思うし、送迎を一度断ったものの、心療内科には連れて行ってあげたいとは思っている」と話した。

　SCは、母の多忙を労いつつ、心療内科への送迎を打診すると、母は了承した。Ａに対しては、①医療機関への送迎は母ができること、②受診先については学校側も調べているので少し待っていてほしいこと、を伝えてもらうように母に依頼した。

（5）　第3回面接　来談者：Ａ

　ところが、母との面接の翌週、Ａの遅刻欠席が増えている様子だと養護教諭から心配そうに報告があった。

　面接開始直後、Ａは「母からほとんど話がなかった」と暗い顔で語り、将来に希望が持てないと気分が悪化していて、住んでいるマンションから飛び降りることを考えた、とも語った。

　面接での母の様子と、本人が語る母の姿にはギャップがあるように感じられ、SCは母とＡの具体的な相互作用を明らかにしようと、以下のように対話を進

めた。

SC：…ほとんど話がないって言うのは、お母さん、なんて言ってきたの？

Ａ：「先生が病院探してくれているんやなあ」って言われて。それで終わり。

SC：え、それだけ？お母さんはどんな状況で話を切り出してきたの？

Ａ：リビングで、パソコンで絵を描いていて、ポテチ食いながらボソッと（笑）

SC：ポテチ！マジかあ（笑）

Ａ：もうやる気あるんか⁉って。イラっとしてなにも言わんかったけど。もう少しで殴りそうだった。

SC：そら腹立つわなあ。ええと、微妙なことで悪いけど、お母さんがどう反応してくれたら殴らずに済むの？

Ａ：えー……普通に自分の状況について聞いてほしいし、せめてなんか言ってほしい。

　続けて SC は、「SC が母と会った時は、Ａのことをすごく心配していたが、いざという話になると、不器用な面がありそうだ」とリフレームして伝えると、Ａは笑ってうなずいた。そして、もう一度 SC が母に会うことの了承を得た。

　また、心療内科の再受診を検討するのに先立ち、以前受診し不満足な結果に終わったＢ心療内科について、どのような対応を期待していたのかＡに訊ねると、「ちゃんと自分の話を聞いてもらって、アドバイスが欲しかった」と語った。それに対して SC は、多くの心療内科は、初診以外は５分や10分の診察時間になり得ること、心療内科の医師との相性には「ガチャ要素」があり、ハズレだと思っても何回か通ってほしいこと、またアドバイスが欲しいことははっきり伝えたほうがよい、という点を伝えた。

（6）　第４回面接　来談者：母

　Ａとの面接終了後、Ａの状態悪化が懸念される点を養護教諭および担任と共有し、母に即座に連絡を取り、急遽母面接を実施することとなった。

　母は「心療内科の件について、あまり話ができていないんです。」と話した。これまでＡはそこまで落ち込んだ様子を見せたことがなく自分で持ち直してきたため、今回もサポートすべきか迷っている、とのことであった。SC は、Ａがマンションから飛び降ることも考えたという話を伝えたうえで、思春期は自

死のつもりがなくても衝動的に行動するリスクがあると、その緊急性を強調して伝え、以下のようにつづけた。

SC：…彼はどうも、お母さんが自分を理解してくれていない、という大きな誤解をしているようなのですが、前回にお母さんのお話を聞いた限り、絶対にそんなことはないと思います。そのうえで突っ込んだことをお聞きして申し訳ないのですが、お母さんが彼に話をしにくい理由はどんなところですか？

母：…親としてすごく心配で、どうにかしてやりたいんですけど…、いつも厳しくしているから、どういえばいいのかわからない…心配しているって伝えることを考えただけで涙が出そう…。

SC：すみません、お母さんのお気持ちも知らず、前回無理を言ってしまいました。

母：いえ、とんでもないです。…でも、私が言うしかないんですよね。

SC：うーん、お母さんの心配が、失礼ながら一万分の一も彼に伝わってない感じがして…。

母：確かにねぇ（笑）。

SC：彼が誤解しっぱなし、というのがまずい気がするので、なにか手はないかなあ…。

母：あー…。

SC：文字で伝えるとか？手紙とか？

母：ああ、それなら文字の方が百倍楽です。

SC：え、本当に？

母：私、絵を描くので。イラストで伝えようかな（笑）

SC：それは最高ですね。たとえばどんな風に？

　その後、母を模したキャラクターが吹き出しでメッセージを話している絵を居間に置いておくなど、具体的な案について話し合った。そして、Ｃ病院の思春期外来について情報提供し、Ｃ病院には、SCより面接経過報告書を送付することを伝えた。

（7）　第5回面接以降

　Ａは母について「自分の状況をわかってくれた」とだけ述べ、先日Ｃ病院を受診し、医師の指示に従って服薬しつつ乗り物に乗る練習を続けていると語り、

「医師がアタリだった」と笑った。

　その後、SCとAは、さらなる行動課題を話し合っていき、Aの積極的な努力もあり、電車やバスに再度乗れるようになっていった。「前はなぜあんなに落ち込んでいたのか自分でもわからない」と述べるようになったため、全7回で面接を終了とした。

4　考察

　医療機関と学校の連携について、一般に想像される課題は、受診に抵抗のあるクライエントへの説明や、連携先の医療機関と本人それぞれへの情報提供などであるが、これらは問題点が明確であり、対応も比較的困難ではない。本事例であれば、Aの再受診に先立ち、医師との相性は不確定な要素（ガチャ要素）があること、もしハズレでも継続的に受診するよう依頼することで、受診時のリスクについて予測をもたせている。

　それよりも、学校現場は本事例で示されるような微妙な関係者間の相互作用に悩まされやすい。本事例のAと母はどちらも受診に前向きで、SCも単純なつなぎの役割で終わるように見えたが、3-(5) にてAの状態が悪化していた。これは、母が「受診について話す」という内容上の同意が得られたとしても、「普段のAとの関係性のなかで受診という繊細な話題を扱う」という相互作用の変化に至らなかったためと考えられる。

　そのため、SCは「受診という話題を巡り、実際にどのような相互作用が起きていたのか」という視点で、Aへ具体的な情報収集を行い、「絵を書いてポテチを食べながら」という母の反応を明らかにした（3-(5)）。その上で、Aの「殴りそうになった」という発言に対し「どう反応してくれたら殴らずに済むか」と質問することで「話を聞いてほしかった」という母への期待の表れとして翻訳し直し（3-(5)）、また母の「Aに対する躊躇・思い」を明らかにしたこと（3-(6)）で、結果的に母らしい「イラストで伝える」という対応に至った。

　このように、Aと母のパンクチュエーションの違い（Watzlawick, 1967）に気づかなければ、3-(5) のAの報告に基づき、支援者や学校側が「非協力的な母」

という枠組みに縛られ、対応が諦められていたかもしれない。

　学校現場から医療への効果的な連携に関しては、関係者が「受診」という話題を上手く扱えるよう支援することも、重要なテーマと考えられる。「受診」という話題が関係者内でどのように扱われるかについての詳細な相互作用の見立てと介入をおこなうブリーフセラピーの視点は、このような支援テーマへの解決の糸口を与えてくれるものである。

■引用文献

Watzlawick, P., Bavelas, J. B. & Jackson, D. D. (1967). *Pragmatics of Human communication: A Study of Interactional Patterns, Pathologies, and Paradoxes*. W. W. Norton & Company, Inc.. 山本和郎監訳・尾川丈一訳 (1998). 人間コミュニケーションの語用論―相互作用パターン、病理とパラドックスの研究―. 二瓶社.

海外のブリーフセラピーの状況1　（中国）

張　新荷*

Zhang Xinhe

　本稿では、中国におけるブリーフセラピーの状況について概説する。その前に、用語の使い分けについて注釈をつけておきたい。中国では、「ビリーフセラピー」という上位概念は使用されていない。代わりに、MRI ブリーフセラピーと解決志向ブリーフセラピーはそれぞれ導入され、また、MRI ブリーフセラピーはブリーフファミリーセラピーという名称が使用されている。さて本題に入る。まず、中国における MRI ブリーフセラピーと解決志向ブリーフセラピーに関する学習プログラムについて紹介する。次に、私の所属している西南大学心理学部の研究チームの研究を例に、中国における解決志向アプローチの実証研究について紹介する。

1　MRI ブリーフセラピーの学習プログラム

　MRI ブリーフセラピーは中国で、学習資源が限られており、近年、アメリカから紹介され、ようやく認知度が上がりつつある。最も代表的な学習プログラムは2018年に上海メンタルヘルスセンターとブリーフセラピーセンターの共催による中米ブリーフファミリーセラピートレーニングコースである。講師を担当したのは、ゲストとして NFBT の学術会議にも招待されたカリン・シュランガ氏である。カリン・シュランガ氏は以前、ブリーフセラピーセンターの所長を務めており、現在、ブリーフセラピーの普及やセラピストの育成活動に

＊西南大学心理学部（中国）

従事し、世界で高く評価されている。

トレーニングコースの構成としては、第一段階の理論学習と第二段階の実践編のケースカンファレンスに分かれている。理論学習は初級、中級、高級に分かれており、各レベルの講義の実施時間は30時間である。ケースカンファレンスは初級と中級でそれぞれ実施される。私は2020年に、オンライン形式で開催された第2期に参加しており、現在、中級向けの理論学習を終え、ケースカンファレンスに参加している。

講義の内容について紹介する。初級向けの講義では、ブリーフファミリーセラピーの歴史や背景理論、面談対象、基本手順と技法、課題対応等の内容が紹介される。面談対象について、問題解決にモチベーションが最も高い人が望ましいという話がある。続いて、問題を描き、偽解決を見出し、そして目標や計画を立てることが順に解説され、セラピストの言語の使用やリフレーミング等の基本技法が強調される。最後に、セラピーの効果がない時、どうするべきかという内容が印象的である。受講生の中に、学校カウンセラーや精神科医、精神分析師等多職種の専門家が多くおり、このコースに対して、中国での応用の可能性が高いと評価している。

上記のことから、MRIブリーフセラピーに関しては、今後のローカライゼーションが多いに期待できるのではないかと考える。

2　解決志向ブリーフセラピーの学習プログラム

MRIアプローチと比較して、解決志向ブリーフセラピーは中国での認知度が高く、すでに学校や企業で応用されており、評価も得ている。代表学習プログラムの主催者として、中華圏解決志向ブリーフセラピーの代表者である許維素氏と燃チームが挙げられている。

許維素氏の"尊重と希望"―解決志向ブリーフセラピートレーニングコースから紹介する。許維素氏は直接インスー・キム・バーグからスーパービジョンを受けており、過去トレーニング重要貢献賞の受賞歴もある。このコースは2年間の期間をかけて開催され、オンライン講義、対面授業とケースカンファレ

ンスから構成されている。オンライン講義は基礎編として設定されており、初級と中級に分かれている。哲学基礎や協力関係から説明し、「面接のポジティブな開始」や「セラピストの未知への態度と質問」、「コンプリメント等の基本技法」、「コーピングクエスチョン等のクエスチョン」を解説する。対面講義は応用編であり、目標設定や例外探し、モチベーションの維持、グループカウンセリングデザイン、危機介入、親へのカウンセリング等のテーマから、臨床場面における解決志向ブリーフセラピーの活用を議論する。

　もう一つの団体、燃チームの活動について紹介する。団体の組織としては、専門家の養成活動を行う解決志向学院、学術研究を行う研究グループと一般参加者が集まる燃クラブのサブチームから構成されている。解決志向学院で開催される学習プログラムでは、デモンストレーションやテーマ別検討、ケースカンファレンスを実施している。研究グループは解決志向国際ジャーナルのスポンサーでもあり、海外の学術誌の翻訳及び解決志向に関する研究を実施している。燃クラブでは、一般参加者に向けて、解決志向に限らず、哲学や語学等多領域について語り合うコーナーや体験活動が提供されている。燃チームは解決志向ブリーフセラピーの発展や専門家の養成に大いに貢献しているといえよう。

　上記の活動から、解決志向ブリーフセラピーは今後、中国でより多くの臨床場面で使われることが期待できる。

3　解決志向ブリーフセラピーの実証研究

　実証研究に関しても、いくつかの研究テーマを挙げつつ、研究の動向を把握してみる。2016年に、解決志向グループカウンセリングの効果が注目され、統合失調症の回復期における患者の自己効力感、青少年の抑うつと不安に与える影響が検討された（李江嬋ほか，2016；吴歌，2016）。2017年に、警察学校の大学生の心理的危機介入における解決志向ブリーフセラピーの適用や、パニック障害における解決志向ブリーフセラピーと薬物療法の併用といった研究があった（徐睿，許文锋，2017；郭子雷ほか，2017）。骆宏ほか（2020）は燃え尽き症候群の看護師を対象に、解決志向コーチングの介入による本人の情緒と自己認知への影

響を検討した。上記の研究テーマから、解決志向アプローチは、個人カウンセリングだけでなく、グループカウンセリングや解決志向コーチング等の形で発揮する効果が検証されていることが分かる。

　ここで、私のいる研究チームで行われている、大学生のネット依存における解決志向グループカウンセリングの適用について紹介したい。私たちの研究では、ネット依存の問題を抱えている大学生を対象に、週1回、テーマ別に全部で5回のグループカウンセリングをデザインし、実施した。例として2回目の内容を紹介する。テーマは「奇跡が起こる時」であり、目標はネット依存をリフレーミングし、今回までの変化や問題が解決される時のビジョンを話し合うことで解決のリソースを発見することである。まず、ウォーミングアップを行い、一週間の変化を共有してもらう。次に、前回の宿題を踏まえ、ネット依存の新しい意味を探る。それから、漸進性筋弛緩法を実施したうえで、ミラクルクエスチョンで、メンバーたちに奇跡が起こる時の状況を想像してもらい、話してもらう。最後に、ミラクルの中にある要素を少しでも生活に取り入れてみるという宿題を課して終了する。

　効果測定の指標として、主観的指標、行動的指標、生理的指標を使用する。主観的指標に、ネット依存、衝動的行為、時間洞察力、ネガティブ・ポジティブ感情の尺度を用いた。行動的指標としては、行動実験を通して、意思決定や衝動抑制等の側面から測定した。生理的指標を定めるには、脳活動を反映する「事象関連電位」を利用した。現在、本研究のデータを収集・分析しており、投稿準備を行っている。

　以上、中国におけるブリーフセラピーの発展と動向について概説した。これからの活動として、私が勤めている西南大学心理学部に若島先生を招待し、今年の12月に「ブリーフセラピーの基礎と応用」という講演を開く予定をしている。中国で、ブリーフセラピーの二刀流として、MRIブリーフセラピーと解決志向ブリーフセラピーに関するノウハウが必然的に蓄積されていくことを期待する。

■引用文献

郭子雷ほか（2017）．焦点解决短程心理治疗联合帕罗西汀治疗惊恐障碍的观察研究．中国地方病防治杂志，32(1)，2.

李江婵ほか（2016）．焦点解决短期取向团体治疗对康复期精神分裂症患者自我效能感的影响研究．中国全科医学，19(31)，4.

骆宏ほか（2020）．焦点解决教练干预职业倦怠护士情绪和自我认知的随机对照研究．中国心理卫生杂志，34(10)，7.

吴歌（2016）．短程焦点解决辅助团体疗法对青少年焦虑，抑郁情绪的改善作用．重庆医学，45(6)，3.

徐睿・许文锋（2017）．焦点解决短期治疗在公安院校大学生心理危机干预中的应用．学校党建与思想教育下，(8)，3.

海外のブリーフセラピーの状況2（韓国）

兪　幀蘭[1]
YU Kyung-Ran

　韓国においてブリーフセラピーは家族療法のひとつとして確立されている。グーとチェは『韓国家族治療学術誌』の発表論文を対象にテキストマイニング分析を行い、以下のような結果を報告している（Goo & Choi, 2020）。この研究では、1993-2019年の間、韓国における家族療法の学術論文に最も多く出現するキーワードは「コミュニケーション」（46件）であり、その次に、「離婚」と「解決中心短期治療」[2]が多かった（それぞれ37件）と報告している。さらに、この論文では、単一事例77件を紹介しており、これまでブリーフセラピーが注意欠陥多動性障害、喫煙、子どもの学校生活、家庭内暴力、離婚、老年期の生活など、諸問題に対して有効に活用されてきていることを見出している。

　さて、韓国でこのようにブリーフセラピーが浸透している背景について考えていきたい。韓国では「韓国短期家族治療研究所」と「解決中心治療学会」を中心に資格認定、学会の開催、学会誌の出版など、ブリーフセラピーに関する活動が広げられている。本稿では、これらの組織に関する歴史と活動を紹介し、韓国におけるブリーフセラピー活動の特徴について考えたい。

1　韓国短期家族治療研究所の歴史と現在

　韓国短期家族治療研究所の歴史は1987年、ソウル所在の梨花女子大学で行わ

---

1 ）宮城学院女子大学
2 ）"Therapy" という英語が、日本語では「療法」、韓国語では「治療」と、表現が異なる。

れたインスー・キム・バーグとスティーブ・ド・シェイザーの特別講義にさかのぼる（韓国短期家族治療研究所, 2022）。以降も、バーグとド・シェイザーは非定期的に韓国でブリーフセラピーに関する教育と訓練を実施し、1996年には「短期家族治療センター韓国支部」が設立され、ジョン・ムンジャ教授が初代所長として就任した。この年から、初級、中級、熟練の３つのコースにわけて、ブリーフセラピストの教育課程が設けられている。1997年には、「性暴力の生存者のための解決中心的短期家族治療ワークショップ」という名でワークショップが初めて開催された。1998年には、サムソン福祉財団の支援を受けて「全国社会福祉館」における家族療法のプログラムでスーパービジョン活動を行い、社会に向けて積極的に活動を展開している。また、同年に「失業者家庭のための解決中心的短期家族治療ワークショップ」が開催された。1999年に、「性暴力の生存者のための解決中心的短期家族治療ワークショップ」が再び開催され、2000年に「児童を対象とした解決中心的短期家族治療ワークショップ」、2001年に「児童虐待に関する解決中心的短期家族治療ワークショップ」、「中毒に関する解決中心的短期家族治療ワークショップ」が開催された。2002年からは、初級と中級セラピストを対象とし、毎年開催されるワークショップが始まり、「短期家族治療専門家」を育成する教育課程が新設された。同年に「短期家族治療センター韓国支部」から「韓国短期家族治療研究所」に改名され、2003年からは、熟練セラピストを対象とし、毎年開催されるワークショップが始まった。2004〜2005年には、ソウル市事業の「性売買被害女性の社会復帰のための統合的プログラムの開発と実施」と、女性家族部事業の「家庭内暴力被害者のための治癒プログラムの開発」を遂行した。2006〜2007年には、「離婚相談専門家」と「夫婦関係相談専門家」を育成する教育課程が始まった。2008年に、勤労福祉公団との相談連携協約を結んだ。2009年からは、これまでのワークショップと教育課程が、受講者の熟練度によって細分化され、恒例行事となっている。加えて、社会参加活動も続いて2010年に、京畿道庁の相談教育とスーパービジョンを行い、2011年に、勤労福祉公団西部支社との協約を結び、「京畿道女性暴力被害者支援施設相談員」に対する相談教育とスーパービジョンを行

った。さらに2011年には、学術研究に力を注ぐべく、「解決中心治療学会創立準備委員会」が発足された。2012年には、女性家族部事業の「家庭内暴力を対象とする類型別治療、回復のプログラム開発」を遂行し、九老区の健康家庭支援センターと「危機家族支援」のための協約を結び、建国大学校グローバルキャンパスと協約を結んだ。2014年には、「短期家族相談専門家」という資格が民間資格として登録され、相談に用いられる「感情カード」と「ストーリーカード」に関する特許が登録された (Fig. 1)。2015年には、嶺南理工大学校と法務部で解決中心治療の特別講義が開催された。2016年には、「夫婦関係相談専門家」「離婚相談専門家」「解決中心集団相談専門家」が民間資格として登録された。

Fig. 1　（左）感情カードと（右）ストーリーカード（インサイト，2022）

　韓国短期家族治療研究所では相談事業や出版事業も実施している（韓国短期家族治療研究所，2022）。心理相談に関しては児童青少年相談、カップル・夫婦相談、離婚相談、個人相談、集団相談を行っており、対応内容は多岐にわたる。また、㈱學志社の協力のもと、「事例逐語録」「解決中心相談スーパービジョン事例集」「解決中心家族相談」「家族治療の理解」「児童相談の理解－幼児期か

ら学齢期まで」「事例から学ぶ家族相談と家族治療」「情緒指向解決中心治療」「老人虐待防止のための家族支援技術」「統合的解決中心治療」「解決中心集団相談」「解決中心家族治療の今日」「家系図：事情と介入」「解決中心家族治療事例集」など、書籍を通して、ブリーフセラピーの展開に貢献している。

最近では、㈱學志社の YouTube チャンネルに、韓国短期家族治療研究所の創立者であるジョン・ムンジャ教授、イ・ヨンブン教授、後に合流したキム・ユスン教授によるブリーフセラピーの紹介動画がアップロードされている（學志社エデューカウンピア，2022）。時代の変化に伴い、ブリーフセラピーを社会に発信する方法も工夫している。

2　解決中心治療学会の歴史と現在

解決中心治療学会（代表：イ・ヨンブン教授）の歴史は前述したように、2011年に発足された「解決中心治療学会創立準備委員会」から始まっているといえよう（解決中心治療学会，2022）。2011年9月に解決中心治療学会が正式に設立され、初代会長としてジョン・ムンジャ教授が就任した。韓国短期家族治療研究所が実践活動に力をいれているとしたら、解決中心治療学会は学術分野で精力的に活動している。2012年から現在に至るまで、春季ワークショップや秋期の学術大会を開催するほか、毎年3〜9回の「事例発表会」を行っている。特に、2016年には、東京都立大学名誉教授の副田あけみ先生を招き、「高齢者虐待防止のための家族支援」に関するワークショップを実施した。2014年には、資格認定事業が始まり、民間資格として登録され、「解決中心専門相談師1級・2級・3級」「解決中心家族相談専門家1級・2級」にわかれており、書類審査、筆記試験、面接試験によって資格認定を行っている。同年に、『解決中心治療学会誌』（*Korean Journal of Solution-Focused Therapy*：KJSFT）が発刊され、体系が整った年ともいえる。2015年には、スーパーバイザーを育成する研修が、2018年には倫理教育が始また。2020年からは、コロナ禍のなか、ワークショップ、学術大会、事例発表会、スーパービジョン研修、倫理教育など、すべての活動がオンラインで開催されるようになっている。

現在、解決中心治療学会に登録されている「解決中心専門相談師」は、スーパーバイザーが19名、１級が50名、２級が153名、３級が141名とされている（合計363名）（解決中心治療学会，2022）。一方、「解決中心家族相談専門家」は、スーパーバイザーが15名、１級が11名、２級が35名とされている（合計61名）。また、解決中心治療学会が韓国語で年１回発刊している解決中心治療学会誌は、関心分野を「解決中心治療または解決中心接近分野の量的、質的研究、理論研究、臨床事例（スーパービジョンを受けた事例）、スーパービジョンおよび実践研究、書評、その他」としている（解決中心治療学会，2022）。

３　まとめ

　韓国におけるブリーフセラピーは、２つの組織によって展開されており、それぞれ異なる役割を果たしているといえる。1996年に設立された韓国短期家族治療研究所は社会に向けた実践活動に力を注いでおり、政府、地方自治体、大学などと連携し、ブリーフセラピー活動を広げている。さらに、相談活動、出版、ソーシャルネットワーキングサービスなどの活動にも積極的である。また、2011年に設立された解決中心治療学会は、主に学術分野の活動が中心になっており、学術大会や学会誌などを通して、ブリーフセラピーに関する意見交換が行われていることがうかがえる。両者ともに民間資格を発行しており、相談員を育成のための教育活動が行われている。解決中心治療学会では、424名が相談員の資格をもっており、少なくない規模になっていることがわかる。

※本稿の作成にあたり、ご助言を頂いた解決中心治療学会代表のイ・ヨンブン教授に感謝する。

■引用文献

インサイト（2022）．解決中心感情カード／ストーリーカード.
　http://inpsyt.co.kr/psy/item/view/PITM000099
解決中心治療学会（2022）．解決中心治療学会．http://www.solutionfocus.or.kr/
韓国短期家族治療研究所（2022）．韓国短期家族治療研究所．https://brieftherapy.kr/
學志社エデューカウンピア（2022）．學志社エデューカウンピア．https://www.youtube.com/
　channel/UCiSv5OhE-GYG5SelDVBttbA
Goo, K.-S. & Choi, Y. (2020). Analysis of research trends in the Korean family therapy field

through text mining and keyword network analysis - focusing on articles in the Korean Journal of Family Therapy (1993-2019)-. *Family and Family Therapy*, 28(1), 85-110. https://doi.org/10.21479/kaft.2020.28.1.85

リフレーミングとトートロジー

小林　智*
Kobayashi Taku

1　本稿の位置づけと狙い

　私は現在リフレーミング研究をライフワークとしているわけではないが、修士論文のテーマにリフレーミングを取り上げていた。院生当時なぜこの技法を取り上げたのかというと、実習生として臨床の場に立つ中で「この技法を名人芸ではなく、熟慮の先に初学者でも到達できる技法にしてやる！」という要領の悪い人間が抱きがちな問題意識と熱量があったからだと記憶している。全く仮説通りの結果が得られなかった研究のことを、思い出したいような…思い出したくないような…という距離感で思い返していると、10年の節目に、当時の問題意識に向き合ってみるのも悪くないように思えてきて、再度このテーマに正面切って向き合ってみることにした。

　この技法について考える際に躓きがちなのは、「フレーム」という概念を実践の中でどのように捉え、その変更を意図する試みをどのように自分の行いとして落とし込めば良いのか分からないということではないだろうか。

　リフレーミングはちょっとした発想の転換がシステムに大きな変化をもたらすことがあるため派手な介入技法に映ることもあるが、私は細かなブリッジの積み重ねの先に成立するものと考えている。この積み重ねのプロセスをどのようにまとめてみようかと考えた時に顔が浮かんできたのがベイトソンである。

＊新潟青陵大学大学院

2　記述・説明・トートロジー

　事例に接する際の重要な態度として、問題は全て「実象がパンクチュエイト（分節化）され意味づけられた上で成立する"仮象"として、我々の前に立ち現れている」という点を了解しておくことが挙げられる（参考として、東，2012）。クライアントであれ IP であれ我々セラピストであれ、これら関係者の語る問題は全て「認識され、語られたもの」であって実象そのものではない。我々は出来事をどのように認識し、そこから情報や意味を読み取り、そして語るのか。そのような問いを追い求め続けたのが認識論者グレゴリー・ベイトソンである。

　認識論者であるグレゴリー・ベイトソンは、著書『精神と自然』の中で人間の知覚する諸現象が言語的にどのように表象され認識されるのかということを記述・説明・トートロジーという概念を用いて説明した（Bateson, 1979）。

　記述とは、"記述される諸現象に内在するすべての事実を含みつつも、これらの現象をより理解しやすくなるような現象間の結びつきについては一切触れないもの"と定義されている。桃太郎で例えると、物語中の事実としての現象の集合を羅列したものが桃太郎を"記述"することである。「桃太郎は桃から生まれた」、「犬・雉・猿と行動を共にした」、「おじいさんとおばあさんに引き取られた」、「鬼ヶ島へ行って鬼を退治した」、「鬼ヶ島から財宝を持ち帰った」などのように一連の出来事が事実として表現されてはいるがそれらの事実間の繋がりについては言及されていない状態の言明が記述である。

　記述された命題群はそれぞれ単独で情報価を持つが、それらの組み合わせは単独の記述内容（要素）のみに還元できない新たな情報を産生する。これは言語システムとしての全体性という観点から理解できる。個々の記述命題が人間の認知活動の中で秩序立てられ繋ぎ合わされていく時、この繋ぎ合わせる営みが説明である。例えば、桃太郎の物語について【桃太郎はおじいさんとおばあさんに引き取られ鬼を退治して鬼ヶ島から財宝を持ち帰った】と説明されると育ててもらった恩義を返す物語に見えるが、【鬼を退治して鬼ヶ島から財宝を持ち帰った桃太郎は、おじいさんとおばあさんに引き取られた】と説明されると財宝目当ての強欲なおじいさんとおばあさんの物語にも見えてくる。含まれ

ている記述命題群は不変だが、受け取る情報は全くの別のものである。我々は事実そのものからだけでなく、その繋ぎ方からも情報を得ていることが分かる。

　我々は何かと別の何かを繋ぎ合わせることによって新たな情報的ボーナスを得ており、そうした情報的ボーナスの上に精神活動（Mind）が成立していると、ベイトソンは説く。ブリーフセラピストにとってより馴染み深いであろう「人間コミュニケーションの語用論」（Watzlawick, et al., 1967）の公理として知られている分節化も、ベイトソンが言うところの説明の一類型である。

　個々の事実命題は人間の認知活動の中で秩序立てられ繋ぎ合わされていく、この営みこそが説明であり、そして繋ぎ目の正当性が疑い得ないように繋がった命題の集まりをトートロジーと呼ぶ。ベイトソンはこれらの概念の相互関係について"説明とは記述の断片をトートロジーへマップすることであるから、**そのトートロジーのリンクをあなたが受け入れる意思がある限りにおいて、その説明はあなたに受け入れられるものになる**"と述べている（太字は筆者による）。

　説明とトートロジーの定義が循環的になっているので少々分かりづらいが、記述命題間を繋ぎ合わせることが説明であり、その繋ぎ合わさり方の確からしさ（妥当性）を表すのがトートロジーである。そしてその確からしさは受け取り手にとっての主観や意思に依存しており、形式論理的な意味での真偽とは関連しつつも決定されないとされている。トートロジーの最も単純な形式としては、「桃太郎は桃から生まれたので、桃太郎は桃から生まれた」のような再帰的な命題になる。これがもう少し複雑になると、「鬼は倒すべき悪なので、桃太郎は仲間を連れて、鬼退治へ向かった」というように、前段の命題が前提となって後段の命題と無理なく接続し、命題群全体がトートロジーとなる形態を成す。トートロジーとして受け入れられた記述命題の集体からは記述命題の断片には含まれなかった新たな情報（桃太郎は勇敢である等）が生じることになる。

3　トートロジーとリフレーミング

　先にも述べたように、トートロジーとは命題間の結びつきが妥当であると感じられることによって成立する繋がりであり、前提となっている命題が必ずし

も真であるかということは問われないということは重要な特徴である。例えば、桃太郎の物語において鬼ヶ島に鬼退治に行く話が勧善懲悪の物語としてトートロジーを形成するためには、退治されるという記述命題が物語中の諸要素と無理なく繋がる上で「鬼は倒すべき悪」であるという前提が必要になる。だが、桃太郎の物語の標準的な構成には、鬼滅の刃とは違い、鬼が人間に退治されて当然であるような悪辣非道な行いをする様子は特に描かれていない。仮に「鬼は人間社会の中になじむことが出来ず、人里離れた島に居を構えて静かに暮らしていた」という情報が加わると、アッという間に「鬼は人間社会の被害者」という前提に置き換わり、悪辣非道なのは鬼ではなく桃太郎だったということになる。すると「勧善懲悪」の物語（トートロジー）が「弱肉強食」の物語（トートロジー）に変化し、そこから我々が得る教訓や影響を受けて生じる行動までもが変化する。これこそがまさにリフレーミングの一形態である。

　我々は実際には偽であるかもしれない命題（鬼は悪）を前提として成立する説明やトートロジー（物語）を明に暗に受け入れることができる。こうした人間の認識プロセスの主観依存性や恣意性こそが、精神活動（Mind）の特徴であり、こうした特徴こそがリフレーミングを可能足らしめているとも言える。

　先の桃太郎の例においてリフレーミングがどこに生じていたのかに着目すると、「鬼は倒すべき悪」という前提が「鬼は人間社会の中になじむことが出来ず、人里離れた島で静かに暮らしていた」という記述命題が加わることによって「鬼は被害者」という前提に置き換わり、リフレーミングが生じている。つまりリフレーミングにおいて置き換わっているフレームという概念は、トートロジーにおける前提と対応していることが見ることができ、ここで言う前提も別の記述命題群の説明を通じて生じたトートロジーと見なせる。同様の観点からリフレーミングを定義すると「既存トートロジーにおいて前提が置き換わることで新たなトートロジーが生じ、新しい情報が生じること」と定義できる。

4　フレームおよびリフレーミング再定義の試み
　ここまで解説してきた記述・説明・トートロジーの概念を用いて私なりにフ

レームの定義と機能について論じ、その上でリフレーミングを定義する。そして、この定義を事例に当てはめてリフレーミング現象を説明可能か検証する。

（1）　フレームの定義と機能

①フレームとは記述された命題群が説明を通じてトートロジーを成す際に前提となっている命題のことであり、メタメッセージとして働く。

②トートロジーが成立するためにはその主観的な妥当性を担保する前提（フレーム）が必須であるため、複数の異なる記述命題がトートロジーを形成する際にはそこに必ず前提（フレーム）が存在する。

③フレームが前提となって記述命題はトートロジーを形成し、トートロジーは記述命題単独では導出できない情報（情報ボーナス）を産生しうる。

④トートロジーにおけるフレーム（前提）もまた別のフレーム（前提）に基づいたトートロジーを通じて形成される命題であるので、フレームには階層性が存在する。

（2）　リフレーミング技法の定義

前提が置き換わることによって新たなトートロジーが成立し、そこから新しい情報を生じさせることによりコミュニケーションパターンに変化を促す技法。

5　模擬事例を通じて

題材として、ワークショップと同じ模擬事例を用いる。

来談者：21歳女性Ａさん（大学３年生）。実家で母親と二人暮らしをしている。

主訴：母親との関係が悪い。家庭のストレスが大学生活にも悪影響を及ぼし、最近は講義を欠席することが増えて課題の提出状況も悪化した。母との関係を見直し大学生活を立て直したい。

事例概要：就学直前に両親が離婚し、現在も母と同居。母はＡが中学校に入学した頃から、学習面や生活面など何かにつけて他人と自分を比較し非難する発言が目立つようになった。母親の反対を押し切って心理学系の大学に進学したが、資格取得に関わる科目の課題や実習の多忙さから授業を欠席することがあり、母親から「資格がとれなかったらこれから先どうやって働いていくの？今ま

で全く何もやらずに今から就活間に合うの？」などと声をかけられるように
なった。

　娘の大変さに寄り添うような関わりはこれまでほとんどなく、困っていて
も協力してくれない。大学も大変なのに母子関係のストレスにより一層大学
から足が遠のいてしまっている。

　登場人物である大学３年生のＡとその母親の関係やコミュニケーションにつ
いて、どのようにリフレーミングをすることが出来るだろうか。Ａの語りを要
約すれば「母親は色々なことを言ってＡを非難してやる気を削ぎ、非協力的で
ある。そのことによって大学生活に悪い影響を受けているため、親との関係を
見直すことで大学生活を立て直したい」といったところか。このＡの言明もい
わば仮象であり、事実としての記述命題と解釈のような産生された情報として
の命題を繋ぎ合わせたトートロジーである。

　フレームとはトートロジーにおける前提であり、リフレームとは新たな前提
を導入することで新たなトートロジーと情報を導くことであるから、リフレー
ミングを計画するにあたっては、現状のトートロジーを成立させている前提を
分析することが肝要である。母親の言動はその全てが直ちにＡにとって悪影響
を及ぼすということは一般論として了解することが出来ないので、一時の思い
込みであれ、これまでの累積的経験からくるスキーマであれ、神のお告げであ
れ、その繋がり（母の言動＝自分にとって害）に関して確からしさ・妥当性を担保
するための前提（フレーム）が存在しているはずである。

　事例において「中学校に入学した頃から…」とあるので、ここでは過去の母
子関係における累積的な傷つきによってこの前提が生じたものだと仮定する。
ではどのように新しい前提を成立させることが出来るのだろうか。

　第一の方法として、フレームの定義④より、フレームもまた別の階層性（論
理階型）にあるトートロジーにより成立する命題であるので、新たなフレーム
を生じさせるような記述命題とその説明を面接において構成していくことで達
成可能であると考えられる。

　例えば、新たな前提として「言葉が強かったり、言い方が悪かったりもする

が母は自分のことを応援してくれている」という前提を成立させたいとする。セラピーにおいてはその新前提と整合的な記述命題を語りの中で収集し、現実構成していくことがリフレーミングのための下準備となる。「結局心理学系の大学に進学することを認めてくれ、頑張ってと言ってくれた」「テレビばっかり見てお父さんに似たのねと言われたのに腹を立て、中学の期末テストで必死に勉強して見返してやった」など、新しい前提と整合的な記述命題（≒例外）を探し出すのである。そして、Ａの中でそれらの記述命題群が説明を通じて新しいトートロジーと新前提（母の言い方は粗暴だが害意はなく応援している）が形成されリフレーミングが成就するのである。ワークショップにおいては、この形式のリフレーミングを新たなフレームに整合する記述命題を集めて再度構築しなおすプロセスに着目して「再構築リフレーミング」と類型化した。

　そして第二のリフレーミングの形態としてワークショップ内で紹介したのが、「脱構築リフレーミング」である。これは既存のトートロジーが持つ意味の構造を脱構築し、別の論理階型において同時的に成立していた意味構造に焦点化することで、セラピーにおけるよりメタ位置の前提を置き換えることである。

　「親の言動は自分にとって悪影響である」という命題が真である時、その対偶として「今の生活の良い側面を成立させているのは親の言動のおかげではない」という命題もまた真となる。つまりは、親の言動が自分に害をなし、親は自分の支えとなってくれていないというトートロジーが強固になればなるほど、大学受験を乗り切ったことやこれまで取った単位やその他様々な人生における良い実績が親以外の手柄である（自分自身の頑張り／友人のサポート）というトートロジーが強固になる。そしてそのトートロジーは副産物としてこの状況を解決する糸口となるような資源を浮かび上がらせる。

　先の再構築リフレーミングと違い、この脱構築リフレーミングによって置き換えられているフレーム（前提）は、親の言動とその影響力を巡るトートロジーに関わるものではない。セラピーにおいてよりメタ位置にある「どうやってこの難局を乗り切るか」という前提（フレーム）であり、セラピーの方針レベルの前提が「親との関係を修復すること」から「親以外の既存資源を使って」

に置き換わっているのであって、母の言動と害意は結びつきトートロジーを形成したままである。

　いずれのリフレーミングをするにしても良くある失敗としては、新しい前提（フレーム）をトートロジーとして成立させるような記述命題の洗い出しも説明も行わないままに、「お母さんも実は心配してるんじゃない？」や「お母さんに頼らずともあなたにはこの状況を解決する力があるように見えるよ」などと切り出して撃沈するのが一つの典型的パターンだろう。リフレーミングを記述・説明・トートロジーの観点から考えると、すげ替える先のフレームを構成することなくリフレーミングを行うことが如何に無理難題かということが見えてくる。リフレーミングは、エイヤッ！と瞬間的に気張ってやるものではなく、気が付けばそこに成立しているものと考えることが出来るだろう。

6　結語

　フレームの定義と機能、そしてそれに基づいたリフレーミングの定義について、読者の方をある種の混乱に陥れる可能性があることを承知の上、悩んだ末に記載することにした。紙幅の都合上割愛した論証があることも含めて完全なものであるとは考えていないので、是非お読み頂いた上でのご意見ご感想を賜りたい。

■引用文献

Bateson, G.（1979）. *Mind and Nature*. Wildwood House.：佐藤良明訳（2006），精神と自然
　　──生きた世界の認識論．新思索社．
東豊（2012）．DVDでわかる家族面接のコツ①　夫婦面接編．遠見書房．
Watzlawick, P., Bevelas, J., & Jackson, D. D.（1967）. *Pragmatics of Human Communication:
　A Study of Interactional Patterns, Pathologies, and Paradoxes*. Norton.：山本和郎監訳，
　尾川丈一訳（1998）．人間コミュニケーションの語用論──相互作用パターン、病理とパラ
　ドックスの研究──．二瓶社．

ベイトソンとブリーフセラピー

松本　宏明*
Matsumoto Hiroaki

1　ブリーフセラピーとベイトソン受容

　ブリーフセラピーの父は、ベイトソンか、M・エリクソンか。現在の、父を
めぐる子や孫世代の布置は、一筋縄ではなかった2人の関係性の、あたかも写
し鏡のようだ。そもそもベイトソンは、一般的な意味での臨床家ですらない。
ウィークランドやヘイリーでさえ、ベイトソンの意図を、時に図りあぐねてき
た。とはいえ、私たちが相互作用への焦点こそブリーフセラピストの本質だ、
と自任するならば、ベイトソンと、エリクソンや MRI メンバーらとの相互作
用の歴史を辿る旅は、単なる父探しにとどまらない豊饒なブリーフセラピー実
践に結びつくはず。その源流が、ベイトソン・プロジェクトなのだ。

　本稿ではまず、リプセットの伝記（Lipset, 1982）と、小森（2011）監訳の、レ
イとシュランガーによるウィークランドへのインタビュー（Ray & Schlanger,
unpublished）を適宜ひもとき、プロジェクトを振り返る。続いて、プロジェク
ト終了から8年後、1970年の第1回ドン・ジャクソン賞記念講演でのベイトソ
ンの講演録を収めたレイのアーカイブ論文（Ray, 2007）を参照する。プロジェ
クトとその後のベイトソンと MRI メンバー、特にウィークランドやヘイリー
との関係性や、そこから垣間見える各メンバーの臨床観を通して、ブリーフセ
ラピーの本質に迫っていく。

＊志學館大学

2　プロジェクトまでのベイトソン

　ベイトソン・プロジェクト（1952 ～ 1962年）に至るベイトソンの歩みを、主にリプセットに沿って振り返ろう。イギリスで生物学者 W・ベイトソンの三男として生まれたベイトソンは、ケンブリッジ大学で生物学を専攻した後、文化人類学に転向。1930年代の代表的業績、バリ島のフィールドワークの際、文化人類学の母、マーガレット・ミードと恋に落ち、結婚。娘も生まれた。エリクソンとの出会いもこの頃。ベイトソンがバリ島調査で目にした島民のトランス行動への助言をエリクソンに求めたのが、きっかけのようだ。

　第二次世界大戦。ベイトソンも、アメリカ戦略諜報局（後の CIA）で作戦業務に従事し、戦時体制に巻き込まれていく。エリクソンは1941年当時、日本人を催眠状態に入れる業務に従事し、ベイトソンも、エリクソンの手法を用いていた（飯嶋, 2018）。戦争は、ミードとの関係性にも影を落とす。悩み深きベイトソンが受けた精神分析では、父に関する分析夢も語られていた。精神分析には批判的なベイトソンだが、セラピーに関心を向ける背景としては、自らの分析経験の影響が小さくない。

　そして、終戦。戦後アメリカの社会科学は、サイバネティクス等、一種の戦争遺産ともいえる理論立てを統合の手段として活用し、戦後トラウマを集合的に癒していく。代表的な試みであるメイシー会議に、ベイトソンは1946年から参加した。会議でのウィーナーやマカロック、ノイマンなど、一流の科学者との学際的交流は、ベイトソン自身の人類学的な観察の蓄積に、道具立てとしてのサイバネティクスを加え、後の二重拘束理論へと結実する。

　1948年にはハーバード大学で客員教授のポストを得たベイトソンだが、再任には至らなかった。一説によると、同僚に精神分析を勧めていたことが問題視されたらしい。この噂話を否定することをベイトソンは好んだ、というエピソードは、ベイトソンの精神分析への複雑な思いを伝えている。どうも小器用さに欠けるベイトソンを見かねた同僚が、スイスの精神科医ロイシュを紹介。医療人類学のポストの斡旋を受けた。実践家ロイシュと理論家ベイトソンとの化学反応「コミュニケーション」は、その後ジャクソンやフライら、精神科医と

のコラボレーションへの道筋も作ったように思われる。

3　プロジェクトの産声

　プロジェクトの拠点は、人類学者という肩書でのベイトソンの勤務先、パロアルトの退役軍人病院内だった。一見畑違いの病院に、なぜベイトソンは潜り込めたのか？　背景には、大戦後アメリカ社会科学における退役軍人病院の実験場的な性格があったようだ。「聖跡」とは何かを学生に問うような医学生への独創的な講義の一端は、「精神と自然」に収められている。後のメンバー、フライも当時の学生だった。

　当初プロジェクトは、時流に乗っていた。ベッドサイドに「ナヴェン」を置くほどのシンパ、チェスター・バーナード率いるロックフェラー財団から助成金を獲得できたのだ。申請時のベイトソンのニューヨークの宿が、教え子ウィークランド夫妻邸であり、祝杯の席でウィークランドがプロジェクトに誘われた（Ray & Schlanger）。当時ベイトソンは、メイシー会議でウィーナーらから痛烈な批判にさらされており、エンジニア経験のあるウィークランドの理論武装に、期待も寄せていたようだ。ただ、後年ウィークランドが、当時から学生と教授以上の関係だった、と振り返るように、何かしら2人には相通じるものがあったに違いない。続いて、ヘイリーとフライが誘われた。スタンフォード大学の大学院生だったヘイリーは、アメリカ人が没頭した戦後の映画ブームに関心を寄せていた。1953年、フライがいったんプロジェクトから離れる。

4　プロジェクトでの熱き日々

　ウィークランドはレイらに、サイバネティシャンの他、アラン・ワッツ、シドニー・ローゼン、ミルトン・エリクソンなど、とにかく知り合いが多かったプロジェクトの日々を振り返っている。「フィールドを求めてたくさんの小旅行をしました。動物園にも何度か足を運びました」「カワウソがどうやってコミュニケートするかを見て映像に残そうとしました」「一緒に腰をおろし、旅について語り、コミュニケーションについてのアイデアを語り合いました」「私

たちはベイトソンと共に、どこかに急いでたどりつく必要のない環境にいました」「クライアント全員について、医学用語ではなくコミュニケーション用語を用いて語りました」

　ノルマやヒエラルキーに拘束されるのではなく、人や動物を観察しながら、コミュニケーションについてコミュニケーションする日々。論理階型の越境は日常のことだっただろう。ウィークランドが「それまでにいた何処よりも多くのことを考え、やりとりしました」と回顧するこの熱き日々が、彼らやその後の MRI に多大な影響を残したことは、想像に難くない。

5　ベイトソンとエリクソンとの関係は？

　ウィークランドが語る二大巨頭、ベイトソンとエリクソンとの関係は、何とも振るっている。「ジャクソンはエリクソンをあまりよく思っていなかったようですが、ベイトソンがエリクソンに対して思っていたよりはマシ」「（2人の関係は）気軽とはいえませんね（括弧内筆者）」個性が強い2人の、独特の関係性だったようだ。

　ウィークランドによると、ベイトソンは、そもそもセラピーをはじめ世界を制御しようという考えそのものに批判的だった。一方エリクソンは、ポリオ克服の成育歴もあってか、治療者は人に影響を及ぼさなければいけない、という人生哲学を持ち、操作的なやり方に終始していた。このエリクソンの臨床的スタンスは、ジャクソンとの緊張関係の要因でもあった、とのウィークランドの見立てだが、加えての一言「彼（ジャクソン）とて同じ線に沿っていたはずなんですが（括弧内筆者）」が、慧眼としか言えない。

　両巨頭の関係は、むろん単純な反目ではない。1955年、ウィークランドとヘイリーがエリクソンのワークショップに参加できるよう直電で要請したのは、ベイトソン自身である。プロジェクト・リーダーであるベイトソンがエリクソン催眠を受容し、二重拘束理論に臨床的な拡がりが生まれた。ウィークランドが言う「特別な関係」に、ブリーフセラピーが負うところは大きい。

6　苦闘の時期、そしてジャクソンの加入

　とはいえ、リプセットを辿る限り、プロジェクトは順風満帆とは程遠かったようだ。特にチェスター・バーナード隠退後、資金面で困窮を極めた。お金なしでも絆がある、とベイトソンは誇っていたが、実際、相当ナーバスにもなっていたようだ。

　しびれを切らしたヘイリーとウィークランドは、ベイトソンを連れ出し、週末の山籠もり研究合宿を敢行する。2人は山小屋の中に座り、ベイトソンの意図を辛抱強く読み取ろうとした。しかし、当のベイトソンは、ただ無言。そんな時間が数時間。プロジェクトには暗雲が立ち込めていた。

　救世主は、若き気鋭の精神科医だった。当時ジャクソンは、パロアルト・メディカルクリニックの精神科医長を務める傍ら、ベイトソンが勤務する退役軍人病院で、医学生にスーパービジョンをしていた。1954年1月、軍人病院での家族ホメオスタシスに関するジャクソンの講演をベイトソンが聴講。終了後、ジャクソンがプロジェクトに誘われた。

　1954年の冬、プロジェクトはメイシー財団から2年間の助成金を獲得し、方向性が統合失調症研究にシフトする。否応なしにジャクソンへの依存度が高まった。独立心と野心とを兼ね備えたジャクソンは、メンバーに、研究の優先順位を決めるように促し、プロジェクトの雰囲気を一変させた。二重拘束理論発表は前年である。

7　4人の分業の結晶、二重拘束理論

　一方でベイトソンは、いまだ論文化は時期尚早と不安を抱いていた。ウィークランドすらも、ベイトソンがいるといつまとまるかさえ分からなかった、と回顧するように、この時期プロジェクトの推進力は、圧倒的にジャクソンだった。

　ダブルバインド論文として名高い「精神分裂症の理論化に向けて（Bateson et al., 1956）」は、ベイトソンの業績と考えられているが、ここで、佐藤（2000）が邦訳時にあえて冒頭に配置した注記を、改めてじっくりと読んでみよう。

分裂症の症状が論理階型を識別する能力の欠如と結びついているという指摘はジェイ・ヘイリーが提示したもので、これをベイトソンが敷衍し、その症状と病因がダブルバインドの仮説によって形式的に記述されるという考えをまとめあげた。それを受けて、D・D・ジャクソンが、この仮説が持論のファミリー・ホメオスタシスの考えと合致することを確認した。催眠状態と分裂症との形式的類似性の研究は、ジョン・H・ウィークランドとジェイ・ヘイリーによるものである。

4人の分業体制が、一目瞭然である。二重拘束理論は、メンバーそれぞれが要素をなす開放システム＝ベイトソン・プロジェクトの産物なのだ。

8　二重拘束理論以降

二重拘束理論発表以降だが、ジャクソンは1959年にMRIを設立。ヘイリーとウィークランドも、軸足を移していく。ジャクソンはMRIでベイトソンを自分の下に置く構想があったようだが、セラピーに自身の思考を適用することに熱心ではなかったベイトソンは、固辞した。

ベイトソン自身の臨床は、ウィークランドが「セラピー以外のものに似ていました」と評するように、独特ではあったようだ。特に方向性を異にしたのがヘイリー。プロジェクト最終年の1962年など、ベイトソンのワークショップに行きかけたミニューチンを、あろうことかヘイリーは別セッション（サティアらしい）に誘導、「退屈から逃がしてやった（Minuchin, 1987）」とうそぶく。ベイトソンの人類学的志向は、変化を起こすより情報収集のセッションになる、というのがその理由だった。アルコール依存の患者に一晩中付き合うなど、ベイトソンの臨床は、一般的な「セラピー」とはかけ離れていたのだろう。

精神医学者レインが見たプロジェクト最終盤（1962年？）の様子をリプセットが記している。「時間通りにミーティングに来たのはベイトソンだけ。目立たないが、中央のポジションを側から取った。所在無げなウィークランド、椅子を取って会議全体に背を向け、足を窓の上に置くヘイリー。遅れて入ってきたジャクソンには、誰も一瞥をくれなかった」レインの目に映る4人は、すでにプロジェクトの体をなしてはいなかった。MRIが軌道に乗る一方で、ベイト

ソンはリリーによるイルカ研究に傾倒していき、プロジェクトも終了となった。

9　1970年、パロアルト

　MRI 設立以降は、先細りにもみえるベイトソン・プロジェクトだが、その意義を最も伝えるのは、何より後年の彼ら自身である。時は1970年。MRI での第1回ドン・ジャクソン賞記念講演で、メンバーを前に語るベイトソン自身の声が今に残る（Ray, 2007）。これを紹介したい。ウィークランドが亡くなるまで大切に保存し、レイに引き継がれたアーカイブである。講演時、すでにフィラデルフィアに拠点を移していたヘイリーは不在だったが、ウィークランド以外に、ワツラウィックやフィッシュ等、当時若手の MRI メンバーも参加していた。

　ベイトソンの講演に先立ち、ウィークランドによる緒言。ここにプロジェクトの紆余曲折と本質が凝縮されている。

　「私たちのグループは5人という非常に小さなものでしたが、経歴、トレーニング、興味、意見、そして何よりも個性は、驚くほど多様でした」「結果として、私たちの間には頻繁にすれ違いが生じ、大きなものとなりました」「しかし、グループは主に、人間の行動に対する共通の好奇心、とりわけ人々がどのようにコミュニケーションをとり、相互作用するかということが、この問題にとって決定的に重要である、という信念のもとに行われました」

　そしていよいよ、ベイトソン。久々のパロアルト訪問と再会に、胸は高鳴る。

　「この2、3日、パロアルトの街を回っていますが、懐かしい顔や昔の協力者に会い、14年前に始めた問題がどこにつながっているのかを見てきました。何より、ドンが恋しい」

　ジャクソンへの想いも抑えきれない。しかし、口上を終えると、トーンは一変。持論のパワー批判が展開される。「この世界において、人と人との間に起こることを説明するのに、『（権）力』という言葉を使うのがふさわしいことなのでしょうか」矛先は、心理学や精神分析にも向かう。「心理学的思考の全体像や、フロイトの理論全体が、結局は『エネルギー』の理論に根ざしています」

かわりに提示されるのが、システミックな視点。ホメオスタティックな家族関係への目配りは、欠かせない。「思春期の子どもがいわゆる『精神病』で、他の家族がその子どもに迷惑をかけ、子どもも他の家族に迷惑をかけているような場合、いわゆる IP を力づけようとすると、他の家族から抗議を受け、IP が再び落ち込んでしまうような動きをすることがあります」

一方、パワーの濫用には、家族療法も含め警鐘が鳴らされる。「もしあなたが、円環的な相互作用とは異なる一方通行のパワーを信じ手に入れようとするならば、『(権)力の腐敗』ともいうべき現象が起きます」「もちろん、これらのことは、かつて私たちが行っていた、そして MRI が今も行っている、家族療法などの仕事と大きく関わっています」

本講演は、「精神の生態学」でのクライマックス「形式、実体、差異」とも時期的に重なり、プロジェクト以降、一層生態学的な思考に移行したベイトソンの到達点を平易に伝えている。

10　おわりに——ブリーフセラピーの源流としてのベイトソン・プロジェクト

本講演を紹介した後、レイ（2007）は、ベイトソンとヘイリーなどとの理論的な違いに言及しつつ、「ブリーフセラピーの多くの実践者を含め、心理療法領域を含む科学の分野では、ベイトソンの批判を真剣に受け止めている人があまりにも少ない」と指摘する。

レイの指摘はそのとおりだ。とはいえ、私たちがプロジェクトでのベイトソンと各メンバーとの関係性、そして本講演とを重ね合わせると、さらなる理解も可能なはずだ。そもそもプロジェクトでのベイトソンは、自らの世界観と差異があるエリクソンやヘイリーを排除せず受容していた。ベイトソンとの衝突も少なくなかったヘイリーだが、リプセットの伝記ではこう振り返っている。「ウィークランドと私がこの10年間に持ちえた機会は、換えがたいものでした。私たちが暗闇の中、まとまらない思考で苦労していた時、ベイトソンは、私たちが最高の力で働けるよう期待をかけてくれました。また、問題が解決できるという自信を持った態度で、しばしばそれを解決するアイデアも提供してくれ

ました。それ以上、リサーチディレクターに何を求めるでしょうか？」

　プロジェクトにはベイトソンのもと、コントロールをあえて是とする臨床家も集っていた。メンバー間やエリクソンとの相互作用は、相互作用において不可避なコントロールを、その後各メンバーがそれぞれのブリーフセラピーとして主題化していく基盤となった。ブリーフセラピーに通底する本質とは、コントロールそのものを主題化＝まな板に載せること。その源流が、ベイトソン・プロジェクトにあった。

■引用文献

Bateson, G., Jackson, D. D., Haley, J. & Weakland, J. (1956). Toward a Theory of Schizophrenia. *Behavioral Science*, 1, 251-264. Reprinted in 1972, *Steps to an Ecology of Mind*. University of Chicago Press. 佐藤良明訳（2000）．精神分裂症の理論化に向けて．精神の生態学（改訂第2版）．新思索社.

飯嶋秀治（2018）．応答の人類学——歴史との対話．日本文化人類学会研究大会発表要旨集

Lipset, D. (1982). *Gregory Bateson: the Legacy of a Scientist*. Beacon Press.

Minuchin, S. (1987). My many voices. In Zeig, J. K. (1987). *Evolution of Psychotherapy. The 1st Conference. Routledge*. 成瀬悟策監訳（1989）．21世紀の心理療法．誠信書房.

Ray, W. A. (2007). *Bateson's cybernetics: The basis of MRI brief therapy: prologue*. Kybernetes, 36, 859-870.

Ray, W. A. & Schlanger, K. unpublished. *The anthropology of change*. 小森康永監訳（2011）．『変化への文化人類学』への序——ジョン・ウィークランドへのインタビュー．解決が問題である——MRIブリーフセラピー・センターセレクション．金剛出版.

認知行動療法とブリーフセラピー

野口修司[1]・東海林渉[2]
Noguchi Shūji, Shōji Wataru

はじめに

　2021年、日本ブリーフセラピー協会第13回大会において筆者らによるワークショップ「激闘!! 認知行動療法とブリーフセラピーの桶狭間」が開催された。大変有難いことに大会準備委員会からも本ワークショップが好評だったとのフィードバックをいただいている。そこで、本稿では先のワークショップの内容を基に、改めて認知行動療法とブリーフセラピーのそれぞれの立場から互いのセラピーについて考えていきたい。また、認知行動療法とブリーフセラピーの詳細な比較については「認知行動療法とブリーフセラピーの接点」（津川・大野, 2014）において述べられているため、興味のある方は是非一読されたい。

1　認知行動療法とブリーフセラピー：ブリーフセラピストの立場から

　まずは、臨床心理学的トレーニングのほぼ全てをブリーフセラピーに基づき、それを実践してきた第一筆者の立場から2つのセラピーについて述べていく。なお、これから述べるブリーフセラピーとは「問題－偽解決による悪循環の切断」に基づいた MRI モデルと「問題の中で少しでも解決している例外の拡張」に基づいた解決志向モデル、そしてその2つを統合した長谷川・若島（2002）のダブル・ディスクリプション（二重記述）モデルに基づいたものであり、認知行動療法とは第一世代といわれている行動療法および第二世代といわれてい

1）香川大学　2）東北学院大学

る認知療法、論理情動行動療法に基づいたものであることをご承知おきいただ
きたい。

　さて、そもそもとして臨床心理学およびその関連業界全体の注目度でいえば、
ブリーフセラピーよりも認知行動療法の方がはるかに高いのが実情ではあるが、
私がブリーフセラピーを研修や講義で説明をすると、時折だが「認知行動療法
と似てますね」や「認知行動療法と何が違うんですか」といった質問をされる
ことがある。専門的な違いでいえば、認知行動療法は「学習理論」や「認知理
論」を背景とし、ブリーフセラピーは「システム論」や「コミュニケーション
論」を背景にしているという点で全く違うといった説明ができるのだが、理論
的背景は別として、問題の見立てや介入のプロセスが非常に似ているように見
えることについては私自身も同意できる。例えば、認知行動療法ではＡＢＣ理
論に基づき、問題に対してＡ（出来事）をどのように認識し、Ｂ（行動）するこ
とによって、Ｃ（望まない結果）に至り、それがパターンとして繰り返されてい
ると見立て、出来事への認識や行動を変化させることで問題へのアプローチを
する。一方で、ブリーフセラピーのＭＲＩモデルでは問題への対処行動が問題
を維持しているという悪循環を見立て、対処行動（実際の行動と問題に対する見方
の枠組み（フレーム）を含む）を変化させることで問題へのアプローチをしていく。
これらは問題パターンに対して認識および行動を変化させるという点では共通
している。広義の意味で「認知」と「行動」を扱うセラピーを「認知行動療
法」と呼ぶならば、ブリーフセラピーも認知行動療法に含まれるといえるので
はないだろうか。では、認知行動療法とブリーフセラピーの何が違うのか。こ
の点について、今回は「目標設定」、「解決志向」、「ユーモア志向」の３点を挙
げさせていただきたい。

　まずは「目標設定」についてであるが、認知行動療法では問題に対するクラ
イエントの「セルフコントロール能力の向上」が重視される（例えば、下山,
2013）。そのため、クライエント自身がその問題を理解するための心理教育や
セルフモニタリングが実施されたり、毎回のセッションで話し合う内容（アジ
ェンダ）を具体的に決めていく。一方で、ブリーフセラピーの目標は問題に対

して「変化を生むこと」が重視される。そして、この変化とは第一次変化（システムの内側で生じ、システム自体は不変の変化）ではなく、第二次変化（システム自体の変化）を意味する（Watzlawick, et al., 1974）。この場合、ブリーフセラピーではセルフコントロールといったクライエント自身の変化だけではなく、問題パターンが変わり得るありとあらゆる変化がアプローチの対象となる。時には、クライエント自身がなぜ問題が改善したのかが分からないと述べるケースもある。これは、ブリーフセラピーでは第二次変化を引き起こすことができれば問題パターン（あるいは問題システム）そのものが変わり、その後はシステムの自己制御性によりクライエント自身のセルフコントロールの有無にかかわらず問題改善後の新しいシステムが維持されるという見方に立つからである。このように、クライエントのセルフコントロールという目標に重点を置き、そのための多種多様なアプローチを持つ認知行動療法と、セルフコントロールに限らない幅広い変化へのアプローチに重点を置くブリーフセラピーそれぞれのスタンスの違いは大きな特徴のひとつだといえるだろう。

　次に「解決志向」について、先に述べた問題パターンに焦点を当てた認知行動療法とブリーフセラピーの類似点は主にMRIモデルを前提にした場合となる。一方で、ブリーフセラピーで用いられる解決志向モデルでは「問題の中で問題ではない例外」に焦点を当てるため問題パターンそのものには着目しない。この視点の重要なメリットとして、「必ずしも問題パターンの理解を必要とはしない」ということが挙げられる。もし問題パターンが明確になっていなかったとしても、問題パターンから外れた「例外」が見つかれば、それを拡張していくことで問題の改善を試みることができるのである。長谷川・若島（2002）のダブル・ディスクリプション・モデルでは、問題－偽解決のMRIモデルと例外の探索と拡張の解決志向モデルの2つを記述してくことで、問題に対する幅広いアプローチを可能とする。一方で、認知行動療法では問題パターンの理解が前提であり、そのために構造化されたプロセスが用いられている。これは、解決志向モデルを持つブリーフセラピーとは異なり、問題パターンをより効率的に理解することを追及していることを意味している。また、近年では解決志

向モデルをルーツの1つとしたポジティブ認知行動療法（Bannink, 2012）も提唱されており、今後の認知行動療法とブリーフセラピーのさらなる接点が期待できるだろう。

　最後に「ユーモア志向」についてである。ブリーフセラピーは、催眠療法家であるミルトン・エリクソンのアプローチの影響を大きく受けており、それには「ユーモア志向」も含まれている。ユーモアには面談中のクライエントの緊張感を和らげ、クライエントとセラピストの関係性を高めるための要因としても役立つが、ブリーフセラピーではクライエントの問題パターンを変化させるための要因として用いることに大きな意味を持っている。例えば、若島（2019）では軽度のパニック障害を呈する男性に対し、お気に入りのアダルト写真を携帯して「胸がざわざわしそうになったら、アダルト写真を見てざわざわしてほしい」という課題を提案した結果、男性はパニック症状が起こりそうになった際にこの課題の一連の流れに可笑しくなってしまい、そのまま症状が治まったという事例を紹介している。このアプローチの基本は、「胸がざわざわしそうになった時に意図的にざわざわしようとする」というパラドックスに基づいた課題であり、このパラドックスにはユーモアが含まれていることが非常に重要な要因として挙げられる。このような問題に対して、認知行動療法が目標とするセルフコントロールに主軸を置いた場合、パニックになるプロセスを理解したり、パニック症状時に脱感作をしてリラックスしようとするなど、クライエントにとってもこの問題に真正面から取り組んでいくという非常にエネルギーを要するアプローチになることが一般的であり、本事例のように1回の課題で大きな変化を起こすということも難しいといえるのではないだろうか。

　以上、第一筆者が考える認知行動療法とブリーフセラピーの違いについて3点を挙げた。当然のことながら、これらは「違い」の話であって「優劣」の話ではない。ブリーフセラピストの立場としては、認知行動療法が主眼に置くセルフコントロールの視点とそれに基づき洗練された数々のアプローチは、自身のアプローチの引き出しを増やすことを非常に期待できるため、本稿を執筆しながら改めてしっかりと学んでいきたいと感じたものである。

2 認知行動療法とブリーフセラピー：認知行動療法家の立場から

　「激闘!! 認知行動療法とブリーフセラピーの桶狭間」と名付けられたワークショップで、認知行動療法（Cognitive Behavior Therapy；以下、CBT と略す）とブリーフセラピーについて論じたわけだが、戦（いくさ）というほどの激闘は展開されなかったように思う。例えるなら雰囲気は、お茶会か井戸端会議。なぜそうなったのだろうか……。CBT とブリーフセラピーの両者は究極のところ似ている部分が多いために平和的な意見交換になったのだろうか。それともCBT が重視する「協働的関係」の発想が効いたのか、ブリーフセラピーを専門とする野口先生の関係構築の技だったのか。あるいは、僕と野口先生が大学院の同期という間柄だったためにただの「おしゃべり」に終始してしまったか。ここでは、改めて CBT とは何か紹介しつつ、ワークショップ当日に答えられなかった野口先生からの質問（「CBT の介入を導入していく際のモチベーション作り」や「その介入を維持させるためのモチベーション作り」の秘訣とは？）を手がかりに、両療法について小考してみたい。

　そもそも CBT とはどんな療法かといえば、現在の CBT は、行動療法と認知療法を起源とし、行動を変えることでメンタルヘルスの問題に対処しようとする行動療法と、出来事に伴う意味を理解して変えていくことで対処しようとする認知療法の掛け合わせである（Westbrook, Kennerley, & Kirk, 2011）。CBT では、人と環境の相互作用を考え、人の内面も４つのシステム（認知・行動・情動・生理機能の各システム）が相互作用しているものとして理解する（Westbrook, et al., 2011）。CBT ではこうした視座に立って、クライエントの問題が維持されている仕組みを理解し、問題を維持している認知や行動を変化できるように協働的に作業していく。

　人と環境との相互作用、内面システム間の相互作用という考えは、家族システム論が有する考えと整合する。また、CBT が人と環境（他者を含む）の連鎖を想定して問題を分析することからも、ブリーフセラピーにおける MRI モデルと重なる部分が多い。しかし実際には、野口先生が CBT を「クライエントにとって、修行」と表現したように、両セラピーは違って見えるようだ。先に

野口先生が「目標設定」、「解決志向」、「ユーモア志向」の３点で両セラピーの差異を述べているので、桶狭間と題した手前、織田氏の奇襲や今川氏の抵抗には遠く及ばないかもしれないが、それらにコメントを挟んでみたい。

　「目標設定」については、確かに CBT はセルフコントロールに力点がある。しかし、同時に「変化を生むこと」も目標にしている。また決して個人の内側だけに問題があるとは考えず、むしろ環境と個人の相互作用（永遠に続く連鎖）に焦点化する。よく認知再構成法などの認知技法が「問題ある考え方（認知の歪み）を変える方法」と誤解されるが、本来は「環境に即した考えの最適解を見つける方法」だと僕は思っている。すなわち、常に個人の抱えている問題は環境とセットであるという視点が含まれている。環境とは「他者」でもあり、その意味ではブリーフセラピーの実践家と非常に近い思考をしているのではないだろうか。そして CBT では環境よりも個人の方が変化を生み出しやすいと考えているため、より個人に介入することが多いだけである。時には環境調整も行うし、刺激制御をすることもある。僕からすると、ブリーフセラピーでもシステムが第二次変化をする時は、その前にクライエントの認知や行動の変化が生じているはずだから、個人のセルフコントロール力に働きかけていないわけではないだろうと思う。こうして考えていくと、この点では CBT とブリーフセラピーにそれほど大きな違いがあるとは思えないのが正直な感想である。

　ブリーフセラピーの「解決志向」は、たしかに CBT と異なる視座だろう。なぜなら、CBT は「問題志向」アプローチであると明言されており（Westbrook, et al., 2011）、「しつこい」くらい問題志向であるからである（伊藤, 2014）。ダブル・ディスクリプション・モデルは、MRI モデルと SFA モデルを統合することで幅広いアプローチになっていて魅力的だが、それに比べると CBT はよくいえば実直、悪くいえば不器用なのである。このあたりが、野口先生に言わせれば「修行」という印象に思えるのかもしれない。ただしその代わり、CBT は実直にとことん問題を分析し、悪循環を見つけ、その対処法を再学習し、現在の問題だけでなく将来の危機も乗り越えるための方法をクライエントが身につけられるように努めている。一刀流と二刀流のどちらが強いかを容易に結論づけら

れないように、MRI モデルと SFA モデルを統合したダブル・ディスクリプション・モデルと「問題志向」一本槍の CBT の優劣は簡単には分からない。

　「問題志向」の CBT は、問題を問題として具体的に認識するため、成功も感じやすいが、同時に失敗も感じやすくなる。そのためにクライエントのモチベーションを維持することや治療全体を支える安定した基盤が必要になる。そのひとつが協働的な関係性であり、CBT セラピストはこれを重視する。その協働的な関係を構築するために、CBT 構造の中にはある仕掛けが備わっている。それが「アジェンダ設定」である。2 人でセッション毎に何をしていくかを話し合うことは、協働的な関係を構築していく機会になる。CBT セラピストは、いつでも誰とでも関係を容易に結べるとは考えていない。だからこそ、アジェンダ設定の作業を CBT の中に明確に位置づけることで、意識的に協力的な関係を構築し、クライエントのモチベーションを維持することを目指している。アジェンダ設定を協働的に行うことができないということは、安定した治療関係を構築するのが難しく、変化のための課題を設定しても取り組んでもらえるかどうかが分からない不安定な状態であるということである[3]。こうした治療関係の状態を感知しやすくする仕掛け、関係を維持・発展・安定化しやすくする仕掛け、そしてクライエントのモチベーションを維持する仕掛けが構造や原則として備わっていることは、自由度の高いブリーフセラピーにはみられない CBT の特徴ではないだろうか。

　最後の「ユーモア志向」であるが、僕は CBT にユーモア志向がないとは全く思っていない。野口先生がブリーフセラピーではクライエントの問題パターンを変化させるための要因としてユーモアを用いると述べているが、CBT でもそれと同じねらいでユーモアを使うことがある。例えばうつ病のクライエン

3）通常、アジェンダ設定の目的は、短期間のセッション構造化して進められるようにすることだったり、1 回のセッションの時間を効果的に使うためだったり、クライエントとセラピストが洞察力を身につけ、新しい思考法と行動を学習することにエネルギーを集中できるようにすることだと説明される（Wright, Basco, & Thase, 2006；Westbrook, et al., 2011）。しかし、アジェンダ設定の意義は本稿で記述したように、クライエントとセラピストの関係構築に関する仕掛けとしても機能していると思われる。

トとの面接で、本人の「仕事でミスをした私は会社にとってのお荷物だ」という認知に対してセラピストがソクラテス式の質問法で問いかける際、「同じ状況で、もしあなたが松岡修造だったら自分に何と声をかけていますか？　松岡氏のように、熱く、なりきって発言してください！」と真面目かつ情熱的にお願いすることがある。もちろん茶化しているわけではなく、本人が既存の認知の妥当性を検証し、新たな認知の存在を探ることができるようにしている。こうしたやりとりはCBTにもある。なお、僕としてはセラピストの発言がユーモアとして機能するには、「普段考えている認知的枠組みが外される体験」になることが必要だと考えている。その意味で若島（2019）の事例は見事であり、CBTの枠組みからすれば、結果的にクライエントの「ざわざわ」に関する連合が解除され、新たな意味づけ（認知的再構成）が学習されている気がする。加えて、ユーモアの事例として適切かどうかはわからないが、例えば西川（2014）のCBTの事例などにも僕はユーモアを感じる（事例の詳細は文献を参照してほしい）。もはやユーモアへの指向性は、セラピーの特徴としてあるのではなく、セラピストその人にあるのではないだろうかとさえ思う。

　野口先生はワークショップで、「マジックのように問題が改善する可能性に興味を惹かれ、憧れてブリーフセラピーを続けている」と話した。他方、僕は、可能な限り言葉を尽くして論理的かつ合理的に問題を整理し、なんとかかんとか役立ちそうなセラピーに仕立てている泥臭さに興味を惹かれ、CBTを続けている。なんだかこの理由こそが、2つの流派の特徴をよく表しているような気がしてならない。人が多様なように、セラピーも多様でいいのではないか。どっちを好むか。今回の「激闘」ならぬ「おしゃべり会」を経て、そのような気がしてきた。

終わりに

　ワークショップと本稿の執筆を通して、ブリーフセラピーと認知行動療法の類似点と相違点を読者が考える機会になっていただけたら幸いである。喧々諤々の議論と鍔迫り合いも必要であるが、時には同じ時代に心理臨床の現場を生き

る者として交流することは、自分の流派を相対化して意識化することの役に立つような気がする。

■引用文献

Bannink, F.（2012）. *Practicing positive CBT: From reducing distress to building success.* John Wiley & Sons.（津川秀夫・大野裕史監訳（2015）. ポジティブ認知行動療法　問題志向から解決志向へ. 北大路書房）

長谷川啓三・若島孔文編（2002）. 事例で学ぶ家族療法・短期療法・物語療法. 金子書房.

伊藤絵美（2014）. Ⅲ. 事例：1. 解決志向ブリーフセラピー　事例へのコメント.（津川秀夫・大野裕史. 認知行動療法とブリーフセラピーの接点. 日本評論社, pp.145-149）

西川公平（2014）. Ⅲ. 事例：第一・第二世代 CBT　事例.（津川秀夫・大野裕史. 認知行動療法とブリーフセラピーの接点. 日本評論社, pp. 194-205）

下山晴彦（2013）. 臨床心理学における認知行動療法の位置づけ. 臨床心理学, 13(2), 180-184.

津川秀夫・大野裕史編著（2014）. 認知行動療法とブリーフセラピーの接点. 日本評論社.

若島孔文（2019）. 短期療法実戦のためのヒント47　心理療法のプラグマティズム. 遠見書房.

Watzlawick, P., Weakland, J. H., & Fisch, R.（1974）. *Change: Principles of problem formation and problem resolution.* WW Norton & Company.（長谷川啓三訳（1992）. 変化の原理—問題の形成と解決. 法政大学出版局）

Westbrook, D., Kennerley, H., & Kirk, J.（2011）. *An Introduction to Cognitive Behaviour Therapy: Skills and Applications [Second edition].* Sage Publications.（下山晴彦監訳（2012）. 認知行動療法臨床ガイド. 金剛出版）

Wright, J. H., Brown, G. K., Thase, M. E., Basco, M. R.（2017）. *Learning cognitive-behavior therapy: An illustrated guide.* American Psychiatric Publishing Inc.（大野裕・奥山真司監訳（2018）. 認知行動療法トレーニングブック［第 2 版］. 医学書院）

細川潔・和泉貴士・田中健太郎著（2021）
『弁護士によるネットいじめ対応マニュアル—学校トラブルを中心に』
（エイデル研究所）

若島　孔文*
Wakashima Koubun

　私は、1995年以降いじめに関する研究を行い、日本社会心理学会や日本心理学会で主だった研究者を集めたシンポジウムを開催するなどしていました。そのすぐ後に、ノルウェーのオルヴェウスの研究といじめ防止プログラムが日本に紹介されました。私は、オルヴェウスの研究といじめ防止プログラムによって、いじめ研究とその対応は終わりを迎えたと理解し、いじめの研究を止めました。

　しかしながら、それから月日が流れた現在（2022年2月）においても、オルヴェウスのいじめ防止プログラムは、日本の学校にあまり導入されていないばかりか、教育委員会や委員の中でもその存在や中身を知らない者も多く、憤りを感じます。私はA市いじめ防止対策調査委員会の委員を2016年から現在まで担当していますが、同様です。防止に関する学校内での対策の進歩はあまり見当たりません。一方で、2013年に施行された「いじめ防止対策推進法」により、事後的な対応はやや組織だった形を取るように進み始めたと言えるでしょう。

　また、いじめ防止対策調査委員会や教育委員会の視点では、いじめ事案をどのように把握するか、いじめ重大事案の際、どのように対応するか、というように考えていきます。被害者やその保護者という視点よりもむしろ、委員会としてどのように対応するか、というような視点です。本書は、いじめの被害者とその保護者に対する視点で書かれているのが最大の特徴です。

＊東北大学大学院

本書のタイトルには「ネットいじめ」とありますが、ネットに限らず、いじめ事案に対する対応のマニュアルとなっています（2章第1・第2）。法律に照らし合わせながら、とりわけ、いじめ被害者の保護者が何をポイントとすればよいかが示されています。いじめ被害者とその保護者が学校や自治体に対して、どの法律に基づき、どのような交渉をしなくてはならないのかが理解できるのがこの本の優れたところと言えます。子どもの問題を扱うカウンセラーはこの本を読んでおくことで、保護者への適切なアドバイスができることでしょう。また、いじめ事案に対して適切な対応する上で学校の教員も読んでおいたらよいでしょう。

　2章第4以降がインターネットの関わるものです。インターネットの場合、例えば悪口を書かれた本人がその事実を知らなくても、加害者や被害者に対して、法の趣旨を踏まえた適切な対応が必要とされている、ということが分かります。インターネット上の匿名の書き込みに対しては、生徒・保護者・学校は法務局に相談するようにと、具体的な対応が述べられています。また、具体的な証拠の保存の仕方や基礎的なインターネットの仕組みなども解説されています。

　6章では自死事案に関して、事例を取り上げ、投稿の削除、真相究明と再発予防の請求などに関して詳しく論じられています。

　本書は、インターネットを含むいじめ対応のマニュアルとして、保護者、教員、カウンセラーなど多くの人々が参考にできるマニュアルであり、いじめ被害者やその家族をサポートする方にぜひ一読していただきたいと思います。

5. Practice of collaboration between medical institutions and schools
   Nozomu Shida, Ph.D., Ryukoku University ╱ School Counselor, Shiga Prefecture Board of Education
   Ito Yu, M.A., Uji Oubaku Hospital

Feature 3: Text reading work shop of NFBT
   1. Brief Therapy in China
      Zhang Xinhe, Ph.D., Southwest University (China)
   2. Brief Therapy in Korea
      Yu Kyung-Ran, Ph.D., Miyagi Gakuin Women's University
   3. Reframing and Tautology
      Kobayashi Taku, M.A., Niigata Seiryo University
   4. Bateson and Brief Therapy
      Matsumoto Hiroaki, Ph.D., Shigakukan University
   5. Cognitive Behavioral Therapy and Brief Therapy
      Noguchi Shuji, Ph.D., Kagawa University
      Wataru Shoji, Ph.D., Tohoku Gakuin University

Book Review
   Wakashima Koubun, Ph.D., Tohoku University

2021年度活動報告

■日本ブリーフセラピー協会（NFBT）本部　事務局：狐塚貴博■─────────■

○学術大会の開催

第13回学術会議（大会長：北海道支部、浅井継悟）は、ハイブリッドにて、現地では2021年10月2日（土）から10月3日（日）開催しました。オンラインでは2021年9月18日（土）から10月31日（日）までの期間に、参加者専用ページにてストリーミング配信（動画配信）を行いました。大会特別企画や大会企画シンポジウム、B-1 Grand Prix、研究発表、ワークショップ等、さまざまなイベントが実施されました。第10回となる「B-1 Grand Prix」は、埼玉支部が優勝しました。

○研修・年報について

2021年度の研修は、ブリーフセラピスト養成講座をオンラインで2回開催しました。NFBTカウンセリング・オフィス東京研究員制度は、5名のスーパーバイザーと9名の研究員により実施しました。2021年4月から2022年3月までの期間、毎月第2日曜日に、対面とオンラインのハイブリッド形式で定例会を開催しました。定例会では計14ケース（延べ面接回数70回）を実施するほか、ケースを担当した研究員全員がケース研究および報告を行いました。また、年度末にはチーム対抗でロールプレイを行い、トレーニングの成果を披露し合いました。

年報第14巻となる「Interactional Mind 14（2021）」は、香川支部（支部長：野口修司）が担当し発行しました。

○ブリーフセラピスト認定試験

第14回となるブリーフセラピスト認定試験（ベーシック）を行いました。本年度の合格者は13名であり、合格率は約56.5％でした。

■短期療法を学ぶ会　山形支部　支部長：佐藤宏平■─────────────■

コロナ2年目となる2021年度、山形支部では対面による勉強会の開催を検討しましたが、①支部会員は養護教諭が中心であること、②従来使用していた大学施設の学外使用許可が下りなかったこともあり、開催が叶わず、活動としては、支部会員の第13回学術大会（釧路大会）への参加のみとなりました。

次年度は、ワクチンが普及し、コロナの状況も落ち着きをみせることを期待しつつ、従来のような対面での勉強会の開催を模索できればと考えております。

今後とも何卒よろしくお願いいたします。

■**短期療法を学ぶ会　仙台支部　支部長：一条孝子**■————————————————■

　2021年度、当支部では年8回の定期研修会と毎年恒例の特別研修会（当年度はオンライン形式で長谷川先生による1 Dayワークショップ）を開催しました。

　月毎の定期研修会は、長谷川啓三、若島孔文、三谷聖也、平泉拓、高木源の諸先生による分担で、対面形式で6回、オンライン形式で2回実施されました。ブリーフセラピーの理論、技法、ロールプレイ、実践事例検討などがなされました。コロナ禍の真只中にかかわらず、登録会員数は46名にのぼり、盛会で充実した学びとなりました。

　私、一条は当年度で支部長を退任します。10余年にわたり当支部をご指導くださった講師諸先生、併せて本部及び各支部の皆様に深く御礼申し上げます。

　後任は当支部講師：平泉拓先生です。今後ともよろしくお願い申し上げます。

■**短期療法を学ぶ会　新潟支部　支部長：小林　智**■————————————————■

　当支部では2021年のB1グランプリ準備支部として、B1グランプリの振り返りとロールプレイ映像を用いたデモを行いました。コロナ禍の中において大幅に規模縮小の中の実施となり、通常実施を目指しております。

■**短期療法を学ぶ会　埼玉支部　支部長：喜多見学**■————————————————■

　2021年度は、オンラインにて定例研修会5回、実践事例検討会5回の計10回の活動を行いました。定例研修会では、喜多見学支部長、成海由布子先生、酒匂努先生に加えて、久繁野山本立寺住職の高野光拡先生をお招きし、基礎から実践までブリーフセラピーを学びました。実践事例検討会では、オンライン・シングルセッション・ブリーフセラピーによる相談を10件行い、実践を通じた研修を実施しました。さらに、学術大会では3年連続B1選手権決勝進出、B1選手権優勝、自主シンポジウム参加、学会発表のベストプレゼンテーション賞受賞など、埼玉支部会員の活動が高く評価された、記念すべき年でした。

■**短期療法を学ぶ会　千葉支部　支部長：森川友晴**■————————————————■

　当支部は年4回を全てオンラインで実施しました。2021年度テーマは「実践をみる」でした。映像で見ることやロールプレイを見ることで自分の実践イメージを作ることを目的に行いました。オンラインが定着したこともあり千葉県以外の方も参加してくださっていました。毎回ディスカッションを行っていますが、若手のメンバーが中心

になりディスカッションを進行してくれることが増えており、次の世代の成長が頼もしく感じます。

自由に自分の意見を話すという「持論の展開」とブリーフセラピーの「理論の説明」を行うことにより深みのある勉強会を目指しながら運営をしています。

■短期療法を学ぶ会　銀座サロン　支部長：生田倫子■

2021年の銀座サロンは、例年に引き続き第4水曜日の19時から21時まで開催しています。気づけばもう20年近くたつかもしれません。月日は早いものです。

2021年は、長年のメンバーの渡邊みどりさんが最高裁判所長官賞を授与されたことがビックトピックです。ブリーフセラピーとの出会い、家庭裁判所の調停でどのように用いているか、またブリーフセラピーの勉強会を裁判官も交えて行っていらっしゃることなど、協会のインタラクショナルマインドにご執筆いただきました。今年も、コロナ情勢に伴いオンラインと対面が混じりますが楽しく学んでいきます。

■短期療法を学ぶ会　横浜支部　支部長：椎野　睦■

横浜支部は例年通り年5回の定例会を予定しておりましたが、コロナウィルス感染拡大の影響を受けて開催を中止しました。次年度はオンラインも視野に入れて開催を計画し、準備を進めています。

■短期療法を学ぶ会　名古屋支部　支部長：森川夏乃■

2021年度も昨年度と同様に、全4回の研修会をすべてオンラインで開催いたしました。前半ではベイトソンの講読やシステム論、コミュニケーション理論など短期療法に関する基礎的な理論の研修を行い、後半は事例検討やロールプレイ等の実践的な検討を実施しました。昨年度から継続して参加しておられる方が多く、より発展的な演習となりました。学生から社会人の方（領域も様々）まで構成員も幅広いため、多様な領域の方が学びを深めていける研修の場となるよう尽力していきたい所存です。

■短期療法を学ぶ会　京都支部　支部長：伊東　優■

当支部では昨年度に引き続き、2021年度もオンラインによる開催にて、年7回日程で定例プログラムⅠ・Ⅱ・Ⅲ、ライブSV研修会、継続研修会（WS形式）の研修を行いました。また、学術会議でも紹介したとおり、上記時間外にもYahoo知恵袋のお悩み質問に回答しベストアンサーを獲りにいく「知恵袋研修会」を、有志によるLINEグループで実施してきました。支部外からの参加者もおられ、どの研修でも活

発なディスカッションが行われる温かくも熱心な雰囲気で精力的に活動しています。元受講生である田辺瑠美、臼井卓也、石黒周、福田凌、波多野久美子の各先生が講師を務めるようにもなり、学び・教えるという習熟のサイクルが根付いてきているのも当支部の特徴です。なお2022年度より、花田里欧子先生に代わり、伊東優が京都支部長を務めて参ります。

■短期療法を学ぶ会　福岡支部　支部長：石井宏祐■━━━━━━━━━━━━━━━■

当支部では年間テーマを「年間通した1事例の縦断ロールプレイ」とし、4回の定例研修会を開催いたしました。

今年度は福岡支部と鹿児島支部共催で、すべてリモート開催でした。

同一のスタッフが同一の架空クライエントを4回通して担当し、セラピストを各回変え、初回から第4回まで続けていくという形をとりました。

2つの支部で実施しましたので、それぞれの支部の持ち味が互いの刺激にもなり、興味深い一年になりました。ロールプレイを通して、具体的にブリーフセラピーの理論と技法を掘り下げることもできました。

毎回、県内外の対人援助に関わる様々な職種の方にご参加いただきました。

■短期療法を学ぶ会　鹿児島支部　支部長：松本宏明■━━━━━━━━━━━■

支部を石井佳世先生から引き継ぎ、6年目。石井佳世・宏祐両先生の教え子が、支部の中核メンバーです。両先生が築いてきたやさしくもパラドキシカルな「できるだけいまのままで」。この視点が支部カラーとして定着しつつあります。最近は、大学院生の参加も増えてきました。

昨年度は、福岡支部との合同研修を年4回実施。単一の模擬を4回かけて追う形で、ブリーフセラピーの深みを実感しました。合同研修の流れを受け、福岡支部との交流も活発です。B1は昨年度惜しくも予選敗退。そのショックか、今年度は泣く泣く見送りました。しかし、目指せB1の心意気は健在です。

■短期療法を学ぶ会　大阪支部　支部長：上野大照■━━━━━━━━━━━━━■

当支部では、例年通りではありますが、令和3年度も毎月の研修開催に力を注いできました。基本的にはオンラインと対面のハイブリッド開催です。

毎月の定例研修会では、初学者からベテランまで、ブリーフセラピーの基礎となる理論をテーマ別に学びつつ、相互のライブ面接トレーニングを兼ねます。プログラム1・2・3は支部公式研修と銘打たせていただき、ブリーフセラピーの理論を実際を一通

り習得することを目的とした初学者向けです。支部長が発達障害を専門とする精神科に勤務していることもあり、その点に強いのも当支部の特徴です。

■短期療法を学ぶ会　宇都宮支部　支部長：俞　幃蘭■━━━━━━━━━━━━━■
2021年度の宇都宮支部は諸事情により活動を1年間休止しておりました。2022年度から再開を予定しております。引き続き、よろしくお願いいたします。

■短期療法を学ぶ会　盛岡支部　支部長：奥野雅子■━━━━━━━━━━━━━■
盛岡支部では、毎月第2水曜日の18時半からの2時間、ハイブリッドで研修会を行っております。対面とオンラインは半々くらいの出席状況です。岩手大学の大学院生とすでに臨床現場で支援を行っている心理士や産業カウンセラー、教員の方々と合同で行っています。前半の1時間はグレゴリーベイトソンの「精神の生態学」を購読し（担当者がレジメを作成して発表し議論する）、後半の1時間はロールプレイを行っています。ロールプレイは、実際の現場で進行している事例を出していただき、カウンセラーとして関わっている方にクライエント役を依頼し、そこで会場からメインセラピストとサブセラピスト役の希望を募って行っています。最近では、オンラインの方々に面接者やクライエント役を担当していただくこともあり、ハイブリッド開催に慣れてきたところです。今後とも、どうぞよろしくお願いいたします。

■短期療法を学ぶ会　富山支部　支部長：武野修治■━━━━━━━━━━━━━■
2021年度、当支部は、コロナ感染拡大により研修活動自体は休止いたしていましたが、支部員の強い要望により少人数での研修を3回実施しました。内容は、ブリーフセラピー基礎資料の読み合わせ・事例検討・ロールプレイ・情報交換です。半日研修ではありましたが、参加者からは実施して良かった。来年度も是非やってほしいとの感想がありました。来年度は、ロールプレイを中心に研修を実施していきたいと考えています。どうか、今後ともご指導よろしくお願いします。

■短期療法を学ぶ会　岐阜支部　支部長：板倉憲政■━━━━━━━━━━━━━■
当支部は、コロナ禍の影響もあり、研修活動自体は休止しています。昨年度同様、月に1回ほど少人数で集まり、情報交換や事例検討等を実施しています。事例検討では、教育領域・福祉領域や医療領域を中心に実施しています。今後ともご指導ご鞭撻のほどをよろしくお願い致します。

■短期療法を学ぶ会　福島支部　支部長：渡邊浩人■────────────■

　　福島支部は、年間5回の学習会をハイブリッドで行いました。福島大学の岸竜馬先生には「心をどのようにとらえるか」のテーマでWSをお願いし、情緒的交流の大切さはクライエントとの対等な関係の構築のためにブリーフでも大事にしてきたことを再確認いたしました。佐藤克彦先生からは、前提や常識を否定してみる「ちゃぶ台返し」をお習いしました。2回の特別学習会1 day WSは、令和4年度福島大会に向けた運営のシミュレーションとなりました。また、今年もブリーフセラピスト合格者が誕生し、研修の成果と喜んでいます。

■短期療法を学ぶ会　神戸支部　支部長：岩崎恵美■────────────■

　　今年度は、プログラムⅠ・Ⅱ・Ⅲの実施、定例会を年間9回開催し、試験対策講座を学科と論述でそれぞれ1回行いました。その他には、実技指導はお申込みにより個別指導とさせていただきました。今年の特徴としましては、ケース分析を行い、皆でいくつもアイデアを出しあいました。一度試験に落ちてしまった何名かのメンバーも年間通して学び続けて再度挑戦していたことも定例会が熱く楽しくなった要因と感じています。また例年に倣い少しですが大会のお手伝いの方も担当させていただきました。今年も引き続き定例会で生み出される相互作用を楽しみながら体験していきたいと思います。

■短期療法を学ぶ会　三重支部　支部長：岩月　敦■────────────■

　　2021年度も当支部は毎月オンラインで合計12回開催しました。内容は、前年度の後半からテーマにしてきた統合的視点を大テーマとして維持し、これをさらに進めていきました。前半は前年度に引き続き、さまざまなカウンセリング理論を小テーマとして毎月変えて学びなおし、後半は自分自身と理論、技法を統合していくことに焦点をあてて、およそ1年半にわたるこのシリーズに区切りをつけました。さまざまな異なるアプローチの学びが、拡散でなく統合に向かい血肉になっていくことを感じることができたように思います。資格試験に関しては、今年度のメンバーの中からブリーフセラピスト試験の合格者も1名誕生しました。

■短期療法を学ぶ会　岡山支部　支部長：吉田祐子■────────────■

　　2021年度、岡山支部では、毎月第3金曜日、オンラインでの勉強会を開催しました。ブリーフセラピーの理論について相互の対話を通し理解し合ったり、それぞれの現場での事例を参加者全員で検討したりすることで、ブリーフセラピーを自分の現場や生

活の中で実践していく学びを継続しています。また、今年度もブリーフセラピストが1名増え、さらに相互に学び合う支部として研鑽を積んでいきたいと思っております。今後もご指導ご鞭撻のほどよろしくお願い申し上げます。

■短期療法を学ぶ会　香川支部　支部長：野口修司■————————————————————■

2021年度はコロナ禍の長期化に伴い昨年度に引き続きZoomによるオンラインにて活動をしました（基礎研修および継続研修合わせて全4回の研修会を実施）。特に基礎研修を終えた2年目以降の方たちで開催する継続研修会では、ブリーフセラピーだけではなく動機付け面接法といった他のアプローチについても学んでいくことで、ブリーフセラピーへの応用やセラピストとしてのスキルアップを目指して活動しております。オンライン主体となり皆さんと直接お会いできないことだけが残念ではありますが、今後とも何卒よろしくお願い申し上げます。

■短期療法を学ぶ会　北海道支部　支部長：浅井継悟■————————————————————■

北海道支部の支部長を仰せつかりました浅井継悟です。当支部は2021年4月より活動を開始いたしました。全4回の定例研修会に加え、会員限定のアクティブブックダイアローグを用いた輪読会、そして学術大会の開催と、設立初年度から活動が目白押しでした。特に、昨年の学術会議では皆さまからのお力添えをいただき、無事に開催することができました。改めて御礼申し上げます。北海道は広大な土地であるため、立地的にも対面で研修会を実施することは難しく、研修会はオンラインで開催しております。数年はブリーフセラピーの基礎を中心に定例研修会を行い、裾野を広げていく予定です。他支部に在籍されている先生方も、「改めて基礎を復習したい」と思われたら、ぜひ当支部に遊びに来てください♪

ブリーフセラピスト・学会賞受賞者リスト

■ブリーフセラピスト　ベーシック

平成21年度

B01001	仁藤	万友美
B01002	山本	喜則
B01003	閏間	理絵
B01004	下川	恵

平成22年度

B00005	横山	俊明
B00006	吉田	統子
B00007	渡邊	浩人
B00008	松谷	洋介
B00009	高瀬	絵理
B00010	喜多見	学
B00011	図師	香織
B00012	高橋	美緒
B00013	田中	秀明
B00014	田原	直久
B00015	戸田	さやか
B00016	広野	幸奈
B00017	高野	光拡
B00018	欠	番
B00019	小林	直人

平成23年度

B00020	西川	知子
B00021	河崎	哲彦
B00022	田部	大地
B00023	中村	謙一郎
B00024	森	美栄子
B00025	深谷	篤史
B00026	大川	裕司
B00027	並木	恵祐
B00028	永山	祐輔
B00029	室星	裕美
B00030	高橋	誠

平成24年度

B00031	岩崎	喜世美
B00032	斎藤	尚子
B00033	小野坂	益成
B00034	成海	由布子
B00035	斎藤	渚
B00036	谷田部	正美
B00037	冨永	洸汰
B00038	宮本	幹也
B00039	鈴木	恵美
B00040	新屋	恭子

平成25年度

B00041	白川	佳央里
B00042	阿波	亨

平成26年度

B00043	深田	由香
B00044	石黒	周
B00045	金井	康子
B00046	小林	裕一朗
B00047	田辺	雅美
B00048	上野	大照
B00049	渡邉	みどり
B00050	山田	格

平成27年度

B00051	石川	詠子
B00052	尾崎	義幸
B00053	田中	慎太郎
B00054	山井	直子
B00055	月村	裕子
B00056	菅原	薫
B00057	西野	薫
B00058	中村	武美
B00059	仲居	裕毅
B00060	鳥山	晃平

B00061	田辺　瑠美		B00093	松尾　一廣
B00062	武田　尚仁		B00094	南　香里
B00063	茂木　宏幸		B00095	元木　敬太
平成28年度			B00096	四津田　晃久
B00064	井上　智博		平成30年度	
B00065	岩﨑　恵美		B00097	岩月　敦
B00066	臼井　卓也		B00098	三浦　侑乃
B00067	大橋　善知		B00099	草野　建祐
B00068	三枝　華子		B00100	吉田　祐子
B00069	齋藤　かほ		B00101	千葉　崇弘
B00070	作田　泰章		B00102	伊藤　理秀
B00071	沢田　啓子		B00103	田村　直央樹
B00072	髙倉　浩介		B00104	山崎　一宏
B00073	高橋　淳子		B00105	柴田　礼子
B00074	敦賀　壮太		B00106	岩島　陽
B00075	竹下　善子		B00107	加藤　弘樹
B00076	根岸　映子		B00108	静間　郁子
B00077	橋本　浩一		B00109	嶋田　真恒
B00078	浜野　翼		B00110	大原　健功
B00079	藤本　かずみ		B00111	仲谷　史子
B00080	福住　昌子		B00112	森元　努
B00081	福田　晋平		令和元年度	
B00082	増谷　俊彦		B00113	野山　雄史
B00083	森内　紀一		B00114	酒匂　努
平成29年度			B00115	須永　匡一
B00084	伊藤　貴光		B00116	加来　昭子
B00085	笠井　恵美		B00117	石原　俊一
B00086	川崎　由紀子		B00118	山田　暁子
B00087	川原　毅		B00119	藤田　順子
B00088	越　希美江		B00120	星野　陽子
B00089	土居　照代		B00121	西尾　美保
B00090	林　紀代子		B00122	堀江　雅子
B00091	富士　敏宏		B00123	長谷　るみ
B00092	増田　真一		B00124	沢口　千寛

B00125	桧木　雄史		B00157	佐藤　聡（本部）
B00126	中曽根　拓也		B00158	高桑　将太（本部）
B00127	高嶋　達樹		B00159	林　辰巳（埼玉）
B00128	福田　凌		B00160	疋田　眞紀（本部）
B00129	小林　大介		B00161	丸山　亮介（本部）
B00130	吉岡　典子		B00162	宮本　良久（本部）
B00131	大西　德裕		B00163	矢倉　敦子（岡山）
B00132	河合　大輔		B00164	吉田　武史（仙台）
B00133	小林　ゆり恵		**令和4年度**	
B00134	藤田　卓磨		B00165	浅野　剛（本部）

令和2年度

B00135	岡部　弘子（本部）		B00166	伊井　理人（仙台）
B00136	香月　佳容子（京都）		B00167	草香　有子（神戸）
B00137	白戸　直美（本部）		B00168	久保田　康太郎（岡山）
B00138	中谷　陽輔（京都）		B00169	小清水　明子（本部）
B00139	三田　敏明（本部）		B00170	辻　美穂子（神戸）
B00140	八木橋　英男（埼玉）		B00171	中林　德子（福島）
B00141	山口　和德（本部）		B00172	中山　賢二（本部）
B00142	東理　麻子（本部）		B00173	波多野　久美子（京都）
B00143	大崎　大輔（本部）		B00174	道嶋　公子（大阪）
B00144	玉井　圭子（本部）		B00175	森　壹風（神戸）
B00145	松尾　幸太（岡山・香川）		B00176	山本　和弘（埼玉）
B00146	佐藤　絵里（三重）		B00177	ローゼンベルグ　明美
B00147	阿部　茂（仙台）			（非会員）
B00148	渡辺　菜月（本部）		**■ブリーフセラピスト　シニア**	
B00149	加藤　裕史（本部）		**平成22年度**	
B00150	細川　智成（岡山）		S00001	佐藤　宏平
B00151	芝池　俊輝（本部）		S00002	三谷　聖也
B00152	笹尾　幸子（大阪）		S00003	石井　宏祐
B00153	宮原　克介（大阪）		S00004	椎野　睦
B00154	濱田　ゆりえ（京都）		S00005	齋藤　暢一朗

令和3年度

B00155	青木　崇浩（大阪）		S00006	西渕　嗣郎
B00156	浅井　このみ（本部）		S00007	石井　佳世
			S00008	高瀬　絵理
			S00009	末崎　裕康

S00010　駒場　優子
S00011　一条　孝子
S00012　生田　倫子
S00013　若島　孔文
S00014　花田　里欧子
S00015　吉田　克彦
S00016　佐藤　克彦

平成25年度

S00017　横谷　謙次
S00018　狐塚　貴博
S00019　森川　友晴

平成26年度

S00020　喜多見　学

平成27年度

S00021　上野　大照
S00022　奥野　雅子
S00023　武野　修治
S00024　板倉　憲政

平成28年度

S00025　岩崎　恵美
S00026　渡邊　浩人

平成29年度

S00027　松本　宏明
S00028　兪　幜蘭

令和元年度

S00029　岩月　敦
S00030　吉田　祐子
S00031　小林　智
S00032　森川　夏乃
S00033　野口　修司

令和２年度

S00034　浅井　継悟（北海道）

令和３年度

S00035　伊東　優（京都）
S00036　岩本　脩平（京都）
S00037　戸田　さやか（本部）
S00038　浜野　翼（千葉）

令和４年度

該当者なし

■ブリーフコーチ　エグゼクティブ

令和３年度

BCEX-20-001　八木橋　英男
BCEX-20-002　二本松　直人
BCEX-20-003　石田　栄美子

令和４年度

BCEX-21-001　細川　智成
BCEX-21-002　斎藤　健一

■ブリーフセラピスト　マスター

平成22年度

M00001　長谷川　啓三

■功労賞

平成22年度　三根　豊治
抱　真由美
古見　紀久子
御法川　渚朝

平成23年度　西渕　嗣郎
高橋　みちよ

平成24年度　一条　孝子
伊藤　順子

平成25年度　児玉　真澄
牛田　洋一
水谷　久康
山﨑　美佐子

平成30年度　佐藤　克彦

令和元年度　渡邊　浩人

令和３年度　堀江　雅子

■論文賞

平成22年度　椎野　睦

| 平成24年度 | 狐塚　貴博 |

平成25年度～平成26年度
　　チーフトレーナー　　若島　孔文
　　トレーナー　　　　　佐藤　克彦

| 平成25年度 | 岩本　脩平 |
| | 伊東　優 |

平成27年度～令和2年度
　　チーフトレーナー　　若島　孔文
　　トレーナー　　　　　佐藤　克彦
　　トレーナー　　　　　森川　友晴

平成26年度	横谷　謙次
平成27年度	森川　夏乃
平成28年度	兪　幗蘭
令和元年度	奥山　滋樹
令和2年度	横谷　謙次
令和3年度	浅井　このみ
	浅井　継悟

平成29年度～令和2年度
　　アシスタントトレーナー
　　　　　　　　　　　　戸田　さやか

■奨励賞

平成23年度	齋藤　暢一朗
平成24年度	板倉　憲政
	伊東　優

平成30年度～令和2年度
　　アシスタントトレーナー
　　　　　　　　　　　　浜野　翼

平成25年度	張　新荷
平成28年度	髙木　源
平成29年度	小林　大介
平成30年度	水上　範子

令和2年度～令和3年度
　　スーパーバイザー　　若島　孔文
　　　　　　　　　　　　佐藤　克彦
　　　　　　　　　　　　森川　友晴
　　　　　　　　　　　　戸田　さやか
　　　　　　　　　　　　浜野　翼

令和元年度	渡邉　みどり
令和2年度	八木橋　英男
令和3年度	中村　武美

■小野直広賞

| 平成28年度 | 若島　孔文 |

令和4年度
　　スーパーバイザー　　若島　孔文
　　　　　　　　　　　　佐藤　克彦
　　　　　　　　　　　　森川　友晴
　　　　　　　　　　　　戸田　さやか
　　　　　　　　　　　　浜野　翼
　　　　　　　　　　　　小林　智

■長谷川啓三賞

■ベストプレゼンテーション賞

令和元年度	鴨志田　冴子
	千葉　崇弘
令和2年度	坂本　一真
	平泉　拓
令和3年度	喜多見　学
	小岩　広平

■研究員制度トレーナー

平成22年度～平成24年度
　　チーフトレーナー　　若島　孔文
　　トレーナー　　　　　佐藤　克彦
　　トレーナー　　　　　吉田　克彦

I.J.B.F. 編集委員会報告および投稿論文募集のお知らせ

　英文学術雑誌 International Journal of Brief Therapy and Family Science（I.J.B.F.）はオンライン・ジャーナルとして2011年に発刊し、昨年度は Vol.11 No.1を発刊し、実証研究論文（調査・実験）4本、ショートケースレポート1本の各種論文を所収しました。I.J.B.F. 編集委員会では、実証研究論文（調査・実験）、事例研究論文、ショートケースレポート、レビュー論文の各種論文の投稿を幅広く募集しております。ブリーフセラピーの専門家に限らず学校の先生や医療関係者など、ふだんよりブリーフセラピーのアイディアを実践されている他職種の皆さまからの投稿もお待ちしております。

　I.J.B.F. 編集委員会は、**英文での論文執筆に困難がある皆さまに対して和文での論文投稿をお勧めしています。和文での投稿の場合、投稿いただいた原稿を編集委員会が翻訳いたします。なお、翻訳の際にかかる料金の一部をご負担いただく場合もございますので、あらかじめご了承ください。**

　また、英文で執筆される場合は、日本語で執筆された原稿もあわせてご投稿ください。

　なお、昨年度発刊されたジャーナルは、日本ブリーフセラピー協会のホームページに掲載されておりますので、ぜひご覧ください。皆さまの投稿を心よりお待ちしております。

投稿は E-mail にて受け付けております。

作成は Microsoft Word でお願いいたします。

書式につきましては、既刊号を参照のうえ、作成ください。

見本フォーマットの Word ファイルをご希望の場合、下記アドレスにご連絡ください。

問い合わせ先：I.J.B.F. 編集委員長　板倉 憲政

International Journal of Brief Therapy and Family Science

〒501-1193　岐阜県岐阜市柳戸1番1　岐阜大学教育学部

IJBF 編集部アドレス　e-mail: nfbt.ijbf@gmail.com

・編集委員

長谷川啓三・花田里欧子・板倉憲政

・連絡先

日本ブリーフセラピー協会　編集委員会
http://www.brieftherapy-japan.com/nfbt@nfbt.org

Interactional Mind 15 (2022)

2023年1月25日発行

編集　日本ブリーフセラピー協会

代表　長谷川啓三

発行　木村　慎也

発行所　㈱ 北樹出版

〒153-0061　東京都目黒区中目黒1-2-6

Tel 03-3715-1525　fax 03-5720-1488

URL：http//www.hokuju.jp

印刷　新灯印刷　製本　川島製本